U0547485

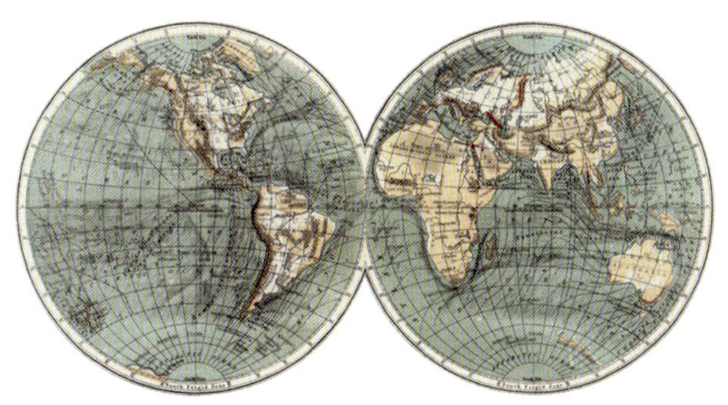

THE TREASURES OF WORLD HISTORY

# 世界历史珍宝

［英］彼得·斯诺 ［英］安·麦克米伦／著

唐雨彤／译

北京时代华文书局

图书在版编目（CIP）数据

世界历史珍宝 / ( 英 ) 彼得 · 斯诺 , ( 英 ) 安 · 麦克米伦著 ; 唐雨彤译 . -- 北京 : 北京时代华文书局 , 2022.3

书名原文 : Treasures of World History

ISBN 978-7-5699-4505-8

Ⅰ . ①世… Ⅱ . ①彼… ②安… ③唐… Ⅲ . ①世界史－通俗读物 Ⅳ . ① K109

中国版本图书馆 CIP 数据核字 (2021) 第 281136 号

北京市版权局著作权合同登记号　图字：01-2020-3274



SHIJIE LISHI ZHENBAO

出 版 人：陈　涛

责任编辑：邢　楠

责任校对：陈冬梅

装帧设计：孙丽莉

责任印制：刘　银　訾　敬

出版发行：北京时代华文书局 http://www.bjsdsj.com.cn

北京市东城区安定门外大街 138 号皇城国际大厦 A 座 8 层

邮编：100011　电话：010-64263661　64261528

印　　刷：天津图文方嘉印刷有限公司

开　　本：710 mm×1000 mm　1/16　　成品尺寸：170 mm×240 mm

印　　张：18.5　　字　　数：231 千字

版　　次：2024 年 3 月第 1 版　　印　　次：2024 年 3 月第 1 次印刷

定　　价：118.00 元

# 序　言

什么能比得过原版呢？如今，我们可以搜集到大量的信息，五千年来人类智慧和创造性努力的成果能够瞬间展现在我们的电子屏幕上，这反而使得原始文献更加特别。因为原始文献不仅仅是文字的记录、组合，还是民众、艺术家和思想家的产物，属于特定的时空。

这些文献照亮了历史，照亮了时代。粗糙的岩石与精致的罗塞塔石碑奇特地并存，精美的《死海古卷》，展现出克制的愤怒的《独立宣言》，甚至是背面潦草地写着披头士的传奇北美巡演计划的信封……这些都是珍贵的文献，珍贵的不仅仅是文献的内容，还有文献的形式。

后人回顾历史，了解到这些文献（故事、演讲和争论）对人类的改变，于是原始文献的价值便大大提高了。在这个星球上，只有人类会为了某种信念，选择牺牲自己。一个计划、一种宗教、一个湮没在尘世的人提出的请求……我们会被说服捐钱或投票给那些会对我们产生影响的文字、诗歌和音乐。本书所选的文献宝藏，从第一次被创作、雕刻或印刷以来，就一直激发着人们的灵感，震撼着人们的心灵，照亮着人们的路途，调动着人们的热情。这些文献是法律、惯例、伦理和信仰的无形基石，还涉及一些对宇宙的认知。随着一个个未知谜团被解开，我们越来越了解自己居住的宇宙。这些原始文献，一些已经随着历史被尘封，但另一些像是拥有魔力，仍然影响着我们。例如，美利坚合众国的立国基石《独立宣言》，从未失去其核心地位；玛丽·沃斯通克拉夫特关于男女平等的主张，要说有什么不同的话，那就是自她的书出版以来，男女平等的主张变得越来越有影响力。

我的父亲和母亲是两位杰出作家，是他们挑选出了书中的这些文献宝藏。可以说这些宝藏填满了我的童年。看到自己的童年以图书的形式呈现出来，真是一件既奇怪又美妙的事情。父亲和母亲分享了那些他们认为最重要的书籍、地图、故事和音乐，我自然对它们十分熟悉。在探访名胜古迹的汽车旅行中，我们欣赏了贝多芬的《第五交响曲》，我们朗读《葛底斯堡演说》、纳尔逊·曼德拉的语录和安妮·弗兰克的日记。这些珍贵的文献具有普遍性，但也具有特殊性，交织在家庭和国家的历史记忆中。读者的希望和习惯赋予每一件宝藏以特殊的意义。它们属于全人类，但也属于我们自己，属于我们每一个人。

丹·斯诺

2019 年 11 月

124

Weer in de schoolbanken zou kunnen zitten!
O lala, heb ik niet net nog verteld dat ik
niet voorbarig wil zijn? Vergeef me, ik ~~heet~~
heb niet voor niets de naam dat ik een
bundeltje tegenspraak ben!

je Anne M. Frank.

Dinsdag 1 Aug. 1944.

Lieve Kitty,
„Een bundeltje tegenspraak" is de laatste zin van
m'n vorige brief en de eerste van m'n huidige.
„Een bundeltje tegenspraak", kun jij me precies
uitleggen wat dat is? Wat betekent tegenspraak?
Zoals zovele woorden (kan het op twee manieren
uitgelegd worden) heeft het twee betekenissen, tegen-
spraak van buiten en tegenspraak van binnen.
Het eerste is het gewone niet neerleggen bij
andermans meningen, het zelf beter weten,
het laatste woord hebben, enfin alles onaange-
name eigenschappen waarvoor ik bekend
sta; het tweede, daar sta ik niet voor bekend,
dat is m'n eigen geheim.
Ik heb je al eens meer verteld (gezegd), dat m'n
ziel als het ware in tweeën gesplitst is. De ene

446.

摘自安妮・弗兰克 1944 年 8 月 1 日的日记

NORTH PACIFIC OCEAN
NORTH ATLANTIC OCEAN
ARCTIC OCEAN
NORTH AMERICA
CANADA
UNITED STATES
ALASKA
GULF OF ALASKA
BERING SEA
Aleutian Islands
BEAUFORT SEA
Queen Elizabeth Islands
Ellesmere Island
Greenland
BAFFIN BAY
Baffin Island
LABRADOR SEA
HUDSON BAY
NORTHWEST TERRITORIES
NUNAVUT
Newfoundland
ICELAND
Reykjavik
GREENLAND SEA
NORWEGIAN SEA
BARENTS SEA
Novaya Zemlya
Svalbard
KARA SEA
LAPTEV SEA
EAST SIBERIAN SEA
RUSSIA
SIBERIA
ASIA
EUROPE
MONGOLIA
GOBI
CHINA
KAZAKHSTAN
JAPAN
SEA OF OKHOTSK
Kuril Islands
Hokkaido
Honshu
NORWAY
UNITED KINGDOM
IRELAND
FRANCE
PORTUGAL
SPAIN
MOROCCO
ALGERIA
LIBYA
Azores
Bermuda
Anchorage
Fairbanks
Whitehorse
Juneau
Yellowknife
Edmonton
Regina
Winnipeg
Vancouver
Seattle
Portland
San Francisco
Minneapolis
Chicago
Ottawa
Montreal
Halifax
Nuuk
Hebron
New York
Washington, DC
Moscow
Arkhangelsk
Yekaterinburg
Omsk
Tomsk
Novosibirsk
Astana
Karaganda
Almaty
Urumqi
Ulaanbaatar
Bratsk
Irkutsk
Chita
Yakutsk
Magadan
Verkhoyansk
Norilsk
Salekhard
Vladivostok
Harbin
Changchun
Beijing
Hohhot
London
Paris
Bordeaux
Lisbon
Rabat
Gibraltar
Algiers
Tunis
Yumen
Yinchuan
Hotan
Kabul
Tehran

# 前　言

由彼得和我们的儿子丹撰写的《英国历史珍宝》一书取得了成功，这鼓舞我们进一步拓宽自己的视野。我们做了一辈子的记者，这一经验让我们享受这个挑战，即选择和研究 50 份最能说明全球历史的文献。这次，我们放眼整个世界。我们从大约 200 份文献中挑选，就如何缩减清单进行了激烈的争论。最后，我们达成了一致，所选的文献横跨了四千年，覆盖了地球的五大洲。

我们从古巴比伦的法令开始，以如今关于宇宙浩瀚的最新发现结束。我们的许多探索来自欧洲和北美，但同时也囊括了中国、南非和澳大利亚等遥远的国家。

一些文献改变了历史进程，如英国的《大宪章》、引发法国大革命的《网球场宣言》以及美国的《独立宣言》。列奥纳多・达・芬奇富有远见的笔记和素描，以及莎士比亚《第一对开本》中的作品集，是艺术和文学史上的里程碑。我们庆祝技术的飞跃，庆祝布鲁内尔具有独创性的海洋工程和伯纳斯－李的万维网。科学上出现了巨大的突破，爱因斯坦的相对论和 DNA 结构的发现就是生动的例子。同样具有革命意义的还有玛丽・沃斯通克拉夫特对妇女权利的大胆要求，以及长达 270 米的请愿书，正是这份请愿书使新西兰成为第一个给予妇女投票权的国家。对我们来说，战争与和平史上有两个至关重要的里程碑，即确立了结束冲突标准的《威斯特伐利亚和约》和有史以来规模最大的两栖军事进攻的诺曼底登陆地图。为了囊括人类表达的任何领域，我们还选择了启发美国国歌创作灵感的轻快的铅笔诗、英国足球最初的规则，以及引发披头士破纪录巡演的那个信封上潦草的城市名称。

有些文献可能永远地消失了，图坦卡蒙圣杯上感人的铭文和散落的安妮·弗兰克日记偶然幸存下来，还有一些文献差一点儿便能出版。为了发表自己的研究成果，哥白尼和达尔文都必须克服自己对冒犯基督教信仰的恐惧。

撰写这本书使我们产生了一个疑惑，即什么算作文献。我们其中一人认为尼尔·阿姆斯特朗登月时的心跳曲线比“阿波罗 11 号”官方报告中枯燥的文本更令人震撼。而另一人坚持要附上一位艺术家画的关于可可·香奈儿先锋时尚的素描。你们在这里看到的是我们的个人选择。作为我们的读者，你们可能会不同意我们的选择；但我们希望这些文献会引导你思考：你认为最重要的文献是哪些？毕竟，人类文明的宝藏是如此丰富，有无数的文献可以填满这本书。我们的世界蕴藏着如此丰富的资源，这一直令我们感到惊讶。

彼得·斯诺与安·麦克米伦

2019 年 12 月

# 目　录

CONTENTS

20 世纪以后

## 20 世纪以后

革命时期

## 中世纪与现代早期

# 目　录

CONTENTS

# 青铜器时代与铁器时代

约公元前 1800 年至公元 100 年

# 01
# 《汉谟拉比法典》

《汉谟拉比法典》是最早的系统完备的成文法典，它在人类文明构建的历程中发挥了重要的作用。当时的巴比伦国王汉谟拉比统治着美索不达米亚，他颁布了282条法令，并将其记录在法典中。法典于公元前1750年前后被刻在了一块石碑上，再也无法修改，或许“板上钉钉”这一描述最早就出现在这里。《汉谟拉比法典》涵盖了从贸易、工人工资、财产到婚姻、通奸和继承等方方面面的内容。它开创了“无罪推定”（即未经审判证明有罪前，推定被控告者无罪）的法律先河，且这一法律原则一直延续至今。

《汉谟拉比法典》，被刻在一块高2.25米的石碑上。1901年，法国考古学家在伊朗挖掘时发现了《汉谟拉比法典》。现陈列于巴黎卢浮宫博物馆

《汉谟拉比法典》的法令。法典中的 282 条法令都是用阿卡德楔形文字书写的，阿卡德语是古巴比伦的一种语言。第 196 条法令规定：倘人毁他人之目，则毁其目。“同态复仇法”最早便出自这里

1901 年，一组法国考古探险队的成员在波斯（今伊朗）的苏萨古城挖掘出三块黑色的石头。那时的他们想象不到，这些黑色石头是世界上最古老、最重要的宝藏之一。如今残破的石碑保存在巴黎卢浮宫博物馆，也被称为《汉谟拉比法典》“石柱”。汉谟拉比是约公元前 1792 年至约公元前 1750 年在位的巴比伦国王。石碑形同一个指向天空的巨大手指，由闪长岩制成，高 2.25 米，石碑顶部雕刻有汉谟拉比和沙玛什。沙玛什是古代美索不达米亚的太阳神，代表着正义、道德和真理。石碑的正面刻有 16 栏楔形文字，背面刻有 28 栏。法令是用古巴比伦的日常语言——阿卡德语刻写的，能够为人们广泛阅读并理解。

汉谟拉比国王是一位伟大的战士。巴比伦原是一个城邦国家，但在他的统治之下疆域不断扩展，最终他一统整个美索不达米亚，即肥沃的幼发拉底河和底格里斯河流域。汉谟拉比坚称，在他所征服的领土上，不同文化的人们要和平相处。在碑文中，汉谟拉比称自己为“护卫之王”，他写下法令，以求“强者不能欺凌弱者，以保护寡妇和孤儿……解决所有争端，治愈所有伤害”。他称律法的目的是“让正义的统治降临大地，消灭恶人与作孽之人……促进人类的福祉”。法典总共有 282 条法令，主要与商业、财产和家庭有关。法令对汉谟拉比的臣民以及整个人类历史都产生了深远的影响。

法典规定了“无罪推定”，并最早举出实例作为依据。法典有一项开创性规定，即人们在发生纠纷时必须出庭，并且要有证人来支持他们的说法。法典还对最低工资做出了规定。例如，农工和牧民每年可获得“8 古尔谷物”（1 古尔＝ 303 升），而赶牛工或水手只能得到 6 古尔。法典提到了三个社会阶层：“人”“自由人”“奴隶”。医生

右页图：石碑顶部的雕刻显示站立着的汉谟拉比接受来自古代美索不达米亚太阳神沙玛什的正义、道德和真理。汉谟拉比在石碑中宣称，他的法律旨在“让正义的统治降临大地”

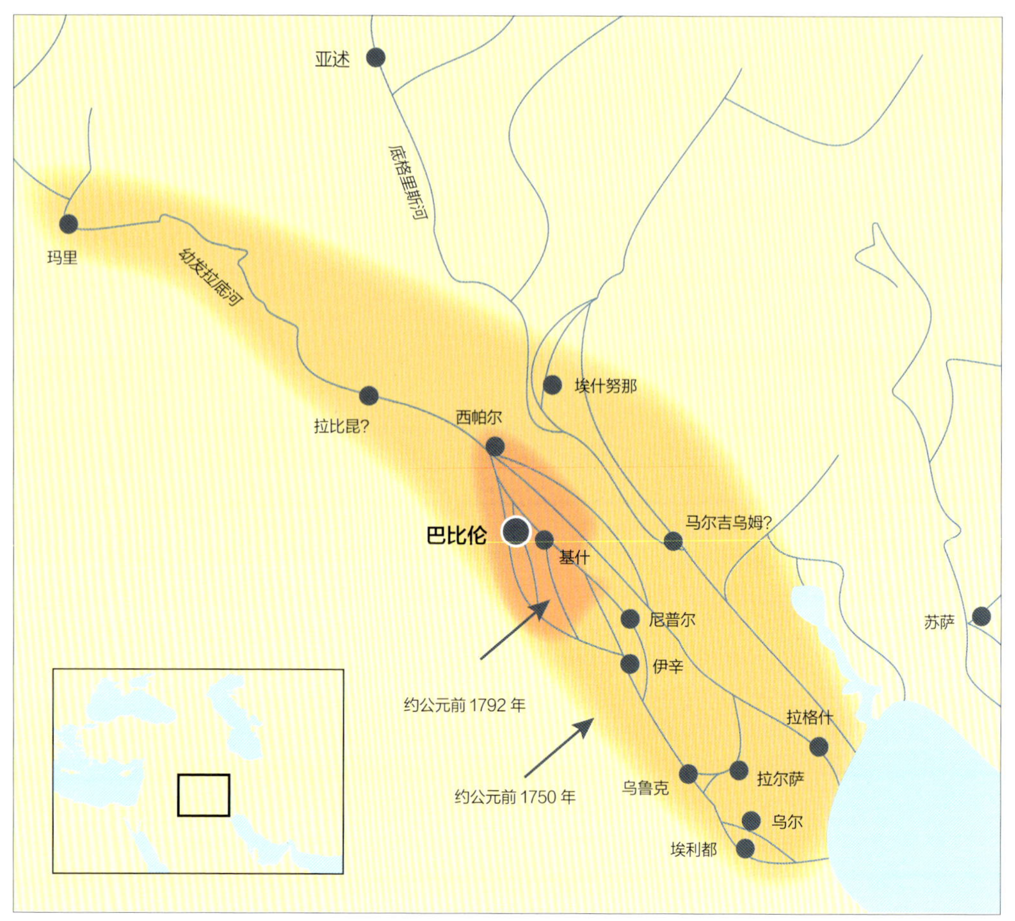


的报酬是根据病人所处的阶层而定的。第 221 条法令规定：“倘若医生医治骨折或软组织有疾的病人，那么病人要支付医生 5 舍客勒①。”而第 223 条法令规定：“倘若病人是奴隶，那么其主人将支付医生 2 舍客勒。”法典还列出了刑罚措施，其中很多刑罚都很残忍。儿子殴打父亲要被砍掉手；嫌弃养父母则要被割去舌头；倘若奶妈在给一个

① 编者注：舍客勒为当时的标准货币单位。

孩子喂奶时有其他孩子死亡，那么就会切除她的乳房；母子乱伦会被烧死，父女乱伦则被流放。包括通奸、抢劫、伪证和巫术在内的 28 项罪行可被判处死刑。

最重要的是，法典包含了“同态复仇法”的早期例子，即报应律法——《旧约》中常见的“以眼还眼”原则。第 196 条法令规定：“倘人毁他人之目，则毁其目。”惩罚的严厉程度也根据罪犯的社会阶层而有所不同。例如，根据第 199 号法令：“倘若自由人毁他人奴隶之目，……那么他应当以这个奴隶一半的身价赔偿给主人。”

历史学家认为，公元前 12 世纪，入侵者从巴比伦的西帕尔城夺取了这块刻有汉谟拉比法典的石碑，并把它带到苏萨，石碑在那里不为人知地保存了几个世纪。1901 年，石碑被人们发现，并被认为是世界上最古老的成文法。自那以后，人们逐渐发现证据，证明公元前 21 世纪便已经有了早期法典的存在，但这些法典远没有《汉谟拉比法典》那么全面。显然，《汉谟拉比法典》持续地影响着后人。公元前 5 世纪，即汉谟拉比统治的 1300 年后，我们在中东的泥板上发现了这些法律的碎片。虽然法典中的许多法令在我们听来很是狭隘，但它仍然是人类历史上最早的综合法典。如今，汉谟拉比的画像与历史上其他的立法者一起，出现在美国国会的众议院、美国最高法院和世界各地的法庭上。

左页图：汉谟拉比登基于约公元前 1792 年，殁于约公元前 1750 年。地图显示了汉谟拉比登基时巴比伦的领土（橙色）和其驾崩时巴比伦的领土范围（土黄色）

# 02
# 图坦卡蒙的祝愿杯

1922 年，英国考古学家霍华德 · 卡特在打开位于帝王谷的著名的图坦卡蒙陵墓时，发现的第一件物品就是这件宝物。祝愿杯许诺给这位年轻法老永生，上面刻着:“愿你的精神永存，愿你度过千秋万代，热爱底比斯城的你，面朝北风，凝视幸福。”这座陵墓可以追溯到公元前 1330 年，可以说是有史以来最伟大的考古发现之一。

莲花形的雪花石膏祝愿杯。法老的名号呈方形雕刻，环绕顶部的文字是祝愿图坦卡蒙永生的题词

前厅，陵墓的第一个房间，英国考古学家霍华德·卡特打开墓穴时看到的便是这样。祝愿杯藏匿在家具和其他物品中，以陪伴图坦卡蒙进入来世

英国考古学家霍华德·卡特是一个相当害羞的人，但同时他也像小猎犬一样坚忍执着。从 19 世纪 90 年代起，他就一直在埃及寻找古代的宝藏。1922 年，卡特开始探索帝王谷。帝王谷是一个令人难忘的地方，许多到埃及旅行的人都被帝王谷迷住了，包括我们在内。在此之前，卡特和其他所有考古学家发现的皇室墓穴都是空的。但是，埃及法老图坦卡蒙的陵墓还没有被人发现。他是英年早逝的少年法老，殁于公元前 14 世纪末。虽然卡特要找到陵墓的决心一如既往地坚定，但他的财政支持者——富有的卡纳冯勋爵正在失去耐心。他告诉卡特，如果在下一个季度还没有发现墓穴，他就会撤资。

1922 年 11 月 4 日的早晨，一个为卡特的队伍挑水的小男孩偶然发现，在拉美西斯六世巨大空墓的入口旁有一个石阶。卡特让他的团队进行清理，随着清理的开展，他们越来越兴奋，最后发现石阶共有 16 级，末端通向一个墓门，门上有图坦卡蒙的署名，门后是通往另

一扇门的通道。卡特在他的日记中记述了他和卡纳冯勋爵于11月26日进入陵墓，字里行间透露出极大的兴奋：“我们兴奋地清除了最后的废屑，直到面前只剩下干净密封的门。我们在左上角挖了一个小洞，想要看看里面是什么。”

在烛光下，卡特向门内窥视。

卡纳冯勋爵问我：“能看见什么吗？”我回答说：“能看见，太奇妙了。”于是我小心翼翼地挖了一个大洞，让我们两个人都能看到门内的情景。借助手电筒和蜡烛的光我们往里看，震撼与惊讶之情溢于言表，因为更明亮的光芒向我们展示了绝妙的宝藏收藏。我们的感觉出现了混乱，萦绕着奇怪的情绪。

他们看到的是一座隐藏了近3400年之久的皇家陵墓，看到的是陵墓中极其丰富的宝藏藏品。这是他们第一次看到5500多件藏品的情景，其中一些还是镶有珠宝的金制藏品。它们被塞进图坦卡蒙木乃伊周围的四个小房间里，为他提供来世所需的一切。当时的人们相信，他会在来世获得永生。卡特最早发现的物品之一是优雅的雪花石膏祝愿杯，上面简短的铭文祝愿法老来世“百万岁”。在我们看来，这似乎为这个宏伟的葬礼赋予了最明确的意义。

卡特考古的高潮是发现了图坦卡蒙本人。石棺外有四个神龛，层层相套，而石棺本身又包含了三口层层包裹的棺椁。最后一口棺椁是由纯金制成的，里面装着法老的木乃伊，木乃伊的头部用珠光宝气的绷带包裹着，外面是最珍贵的黄金面具。如今，黄金面具世界闻名。

自2023年起，我们就可以像卡特和卡纳冯勋爵一样，在新的大

左页图：黄金面具，重达10千克，由镶嵌宝石的黄金制成。眼睛的材质是石英，瞳孔是黑曜石。卡特形容它“平静而美丽”

埃及博物馆里看到所有的宝藏。新的大埃及博物馆坐落于开罗附近的吉萨。而当时我们在之前收藏这些藏品的埃及博物馆待了一整天，陵墓内宝藏之丰富、做工之精美，让我们沉迷不已。这段埃及历史接近十八王朝末期，时间跨度大约是从公元前 1550 年到公元前 1290 年。这段历史是古埃及艺术的繁盛时期，而其精妙的艺术大部分体现在图坦卡蒙的宝藏之中。

图坦卡蒙的生死也是埃及历史上最具戏剧性的时刻之一。虽然在一些细节方面仍有争议，但似乎图坦卡蒙是阿蒙诺菲斯四世的儿子。阿蒙诺菲斯四世对埃及历史做出了独特的贡献，他将埃及众神浓缩成了一位，即太阳神阿顿，并为自己建造了一个新的首都，名为埃赫那顿，现被称为阿玛纳——位于尼罗河东岸的废墟。图坦卡蒙在9岁或10岁时继承了王位，娶了他同父异母的妹妹，并因疟疾和其他疾病，在位仅九年就去世了。因为他只信仰一位神明，因此埃及祭司将其视为他父亲的背叛者。之后，他被说服回到旧的正统，将首都搬回了底比斯。尽管图坦卡蒙在短暂的统治期间并没有任何壮举，他的墓穴却让他声名远扬。

霍华德·卡特打开了保护法老身体的四个金色神龛中的第二个门

# 03
# 《易经》

《易经》是中国最古老、最著名的书籍之一，至今仍被广泛查阅。学者们认为，《易经》作为一本占卜手册是在 3000 多年前出现的，用于预测未来。几个世纪以来，学者、诗人、哲学家和帝王们都把自己的思想加入到这本智慧之书中。尽管存在着各种各样的解释，但《易经》被视为人们理解宇宙的基本指南，并对东方思想产生了重大影响。

公元前 300 年的竹简，写有中国古代文字。《易经》是用于预测未来的占卜手册，竹简上的文本是已知最早的《易经》版本

画中的中国哲学家孔子由众多追随者簇拥着，正在查阅《易经》。传闻，孔子因为经常翻阅《易经》，更换了三次竹简的皮绳（即“韦编三绝”的典故，出自《史记·孔子世家》）

1994 年，一份非同寻常的手稿出现在香港古董市场。手稿是被盗墓贼从中国中部一处楚国（公元前 8 世纪至公元前 3 世纪）的墓葬遗址盗走的。这部手稿由 58 条写有古代汉字的竹简组成，现藏于上海博物馆。这是已知的最古老的《易经》版本，可追溯到公元前 300 年左右，但经考古证实，《易经》的起源还要追溯到更久以前。

《易经》早期的历史扑朔迷离。传说，《易经》是由中国神话中的第一位皇帝、半人半蛇的伏羲创作的。但甲骨文（刻在牛肩骨或龟壳上的文字）提供了更确凿的证据。甲骨文表明，《易经》起源于占卜者，他们会回答人们关于未来的问题。这些问题从家庭和商业问题，到种植作物的最佳时间，一应俱全。占卜者把问题刻在骨头或龟壳上，然后进行加热，直到骨头或龟壳出现裂缝，然后他们会根据裂缝的图案找出答案。一条坚实的裂缝或线（阳）表示“是”,一条断裂的线（阴）表示“不是”。随着时间的推移，这种简单的占卜系统变得越来越复杂。单线被八卦（三行相互堆叠）所取代。一个八卦中，断线和实线组合起来，存在着八种可能，所以每个问题都有八种可能的答案。

据说，在公元前 1050 年左右，《易经》得到了进一步的完善。周朝的奠基者周文王将三行卦改为六行卦，将可能结果的数量，即实线和断线的组合增加到了六十四种。每个卦都附有建议：一些卦敦促人们要坚持；其他的卦会建议人们结婚或警告人们不幸。据说，周文王之子周公进一步优化了八卦，对卦中的六行分别做出了解释。

基于过去人们的口口相传，《易经》成书于约公元前 800 年。公元前 300 年，《十翼》对《易经》的内容做出了哲学和伦理方面的注解，使得《易经》从一本预言手册变成了一本智慧之书——引导人们如何通过自我认识和自我完善来实现积极且有意义的生活。大多数专

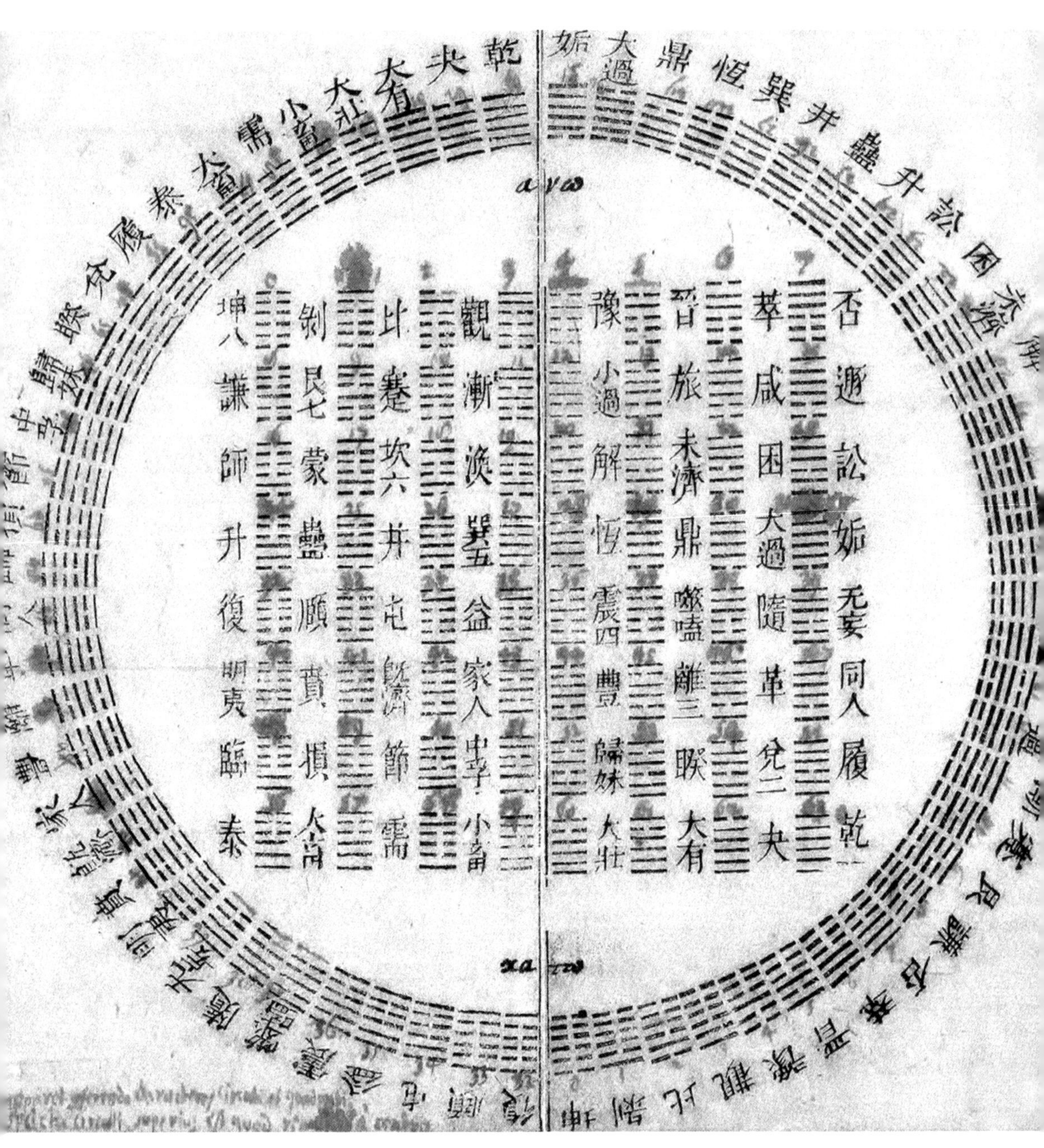

在中国的耶稣会传教士送给德国数学家戈特弗里德·威廉·莱布尼茨的“易经卦”。“易经卦”成为莱布尼茨的新二进制数系统的一个模型

投掷这些古代的中国钱币来进行占卜，得到来自《易经》的建议。钱币占卜取代了更为麻烦的甲骨占卜。如今人们查阅《易经》时仍然使用钱币来进行占卜

家都认为，《十翼》并非由伟大的哲学家孔子所著，但据说孔子经常查阅《易经》，留下来“韦编三绝”的传闻。孔子曾说过，如果他能够再活 100 岁，会用一半的时间来学习《易经》。如今所见的《易经》可以追溯到公元前 136 年，汉武帝将各种版本的《易经》合并成了一个标准文本。

随着时间的推移，占卜工具从甲骨演变为更加方便的工具。提问者可以使用钱币等物品自行占卜，而不是去找专门的占卜者占卜，这种占卜方法一直延续至今。每次掷三枚钱币，掷六次。每次投掷后，根据硬币落地的方式来绘制实线或断线。经过六次投掷，一个对应于易经六十四卦的卦象就被创造出来了，提问者可以参考《易经》来得到相应的建议。然而，问题仍然是如何解释《易经》。

《易经》通过神话、谚语、哲学、历史与诗歌来解释世界。3000 多年来，它一直主宰着中国和亚洲其他地区人们的生活和思想。中国哲学的两个分支儒家和道家都受到《易经》的影响，但直到 17 世纪晚期，在中国工作的耶稣会传教士将《易经》翻译为西方语言，《易经》才传入西方国家。

许多现代先驱都从《易经》中寻求灵感。创作歌手鲍勃·迪伦称《易

经》为“唯一真实的东西，真实得令人惊讶……《易经》除了是一本值得人们信仰的伟大的著作之外，它也是一本非常美妙的诗歌集”。披头士和平克·弗洛伊德的歌词，以及赫尔曼·黑塞、道格拉斯·亚当斯和菲利普·普尔曼等小说家的作品都反映了《易经》的思想。但我愿以 11 世纪的中国哲学家程颐的话来结束对这本先知百科全书的介绍：“《易》道广大，推远则无穷，近言则安静而正。天地之间，万物之理，无有不同。”

# 04
# 《摩诃婆罗多》

《摩诃婆罗多》是一部古老的印度知识百科全书。它是世界上最古老、最长的史诗之一，是印度文学史上最重要的作品。《摩诃婆罗多》在印度文化的发展中发挥了核心作用，被列为世界文明最具影响力的文献之一，与《圣经》《古兰经》以及荷马和莎士比亚的著作并列。

这幅 16 世纪的印度画描绘了《摩诃婆罗多》中的一个场景，出自一首关于皇室权力斗争的古老诗歌。图中显示了王子阿周那（中间），作为般度族的首领，驾着战车冲向敌人俱卢族的军队

1998 年，戏剧版《摩诃婆罗多》在印度电视台播出，几乎整个国家的人们都挤在电视机前，观看这个令人着迷而又异常熟悉的故事：一个皇室家族的两个分支为争夺古印度的控制权展开了血腥斗争。这首近 200 万字的诗篇总共被拍摄了 139 集。

《摩诃婆罗多》起源于约公元前 8 世纪的一首口头诗歌。僧侣、专业说书人、歌手和舞蹈团诵读这首诗歌，并不断增加完善。约公元前 4 世纪，文字版的《摩诃婆罗多》首次出现，但直到 350 年，也就是 700 多年后，《摩诃婆罗多》才形成统一的文本，文本由印度的古代语言——梵文所著。一些历史学家认为，《摩诃婆罗多》的故事是基于发生在印度吠陀时期（公元前 1500 年至公元前 500 年）的一场战争冲突。其主要故事情节描述的是一对表亲家族般度族和俱卢族之间的激烈争斗，他们都想控制印度北部的婆罗多王国。确切地说，我们并不知道是谁创作了《摩诃婆罗多》，但传说其作者是毗耶娑。毗耶娑也被称为克里希那，印度人相信他是不朽的伟大圣人。毗耶娑在诗中扮演了一个核心角色，他是敌对的般度族和俱卢族共同的祖父。一个印度传说称，毗耶娑向象头神格涅沙口述了史诗，格涅沙用他的一根长牙将其记录下来。

这首诗由大约 10 万个对句和散文组成，涵盖了各种各样的主题。历史、哲学和精神观念交织在般度族和俱卢族的传奇故事中。《摩诃婆罗多》充满了浪漫、阴谋、骑士精神和道德难题，还有许多次要情节，被称为“古代版《权力的游戏》”。

《摩诃婆罗多》的核心是 700 节经文，即《薄伽梵歌》，它是印度教最受尊敬的文献之一。大多数专家认为，《薄伽梵歌》比《摩诃婆罗多》的其他部分创作得要晚，可能出现在公元前 3 世纪——一个战争伦理备受关注的动荡时期之后。《薄伽梵歌》记录了般度族王子阿周那和他的车夫克里希那之间的对话，在对话中，克里希那逐渐显露自己是神的身份。故事发生在般度族与俱卢族进行一场重要战斗之

上图：17 世纪的一幅描绘般度族王子阿周那和他的车夫克里希那神骑在马背上的画

下图：打开的《摩诃婆罗多》，停留在《薄伽梵歌》一章中。《薄伽梵歌》是印度教最受尊敬的文献之一。在 700 节经文中，克里希那神向般度族王子阿周那分享他的哲学信仰

前，阿周那突然产生了困惑，对自己杀死表兄弟和朋友的做法产生疑惑，他问克里希那该怎么办。克里希那建议阿周那去践行他的“法”：忠实于他作为一个战士的职责。这是印度文学中第一次出现关于什么构成了“正义战争”的讨论。克里希那告诉阿周那，一旦战争爆发，战争理由正当，那么就应该战斗。对于生命的目的、转世和许多其他哲学和宗教问题，克里希那也提供了见解。《薄伽梵歌》短小、连贯，很容易为社会各阶层所理解，成为关于印度教义务、道德和救赎的通俗指南。

阿周那王子下定决心，明白战斗即是他的职责。《摩诃婆罗多》用了四分之一的篇幅，专门讲述了为期 18 天的俱卢之野战役。印度各地的近 400 万士兵参加了这场战役。俱卢军队有 11 个师，阿周那的般度军队有 7 个师。军队用箭、剑、长矛和狼牙棒作战。这场战役几乎无人生还。诗歌描述了阿周那王子如何在一天之内摧毁了由大量战车、大象、骑兵和步兵组成的战斗队形。双方都运用了诡计和欺骗以取得胜利。最后，般度族赢得了战斗，但可怕的屠杀让人们无心庆祝。诗歌的主题是宣扬战争与暴力是徒劳的，几个世纪以来，这一主题一直得到印度领导人的认可。诗歌对“圣雄”甘地产生了重大影响，甘地在 20 世纪早期到中期，领导印度人民进行了反抗英国统治的非暴力独立运动。

《摩诃婆罗多》自创作以来就一直是民众的娱乐消遣，同时也是一种精神指南。如今，《摩诃婆罗多》仍然被广泛阅读、背诵，在剧院、电影院和电视上被再次诠释。父母仍然以诗中的人物给孩子们取名。诗歌在几千年前所传达的信息，人们在今天依然耳熟能详。

左页图：9 世纪对史诗般的俱卢之野战役的描绘，这场战役持续了 18 天。士兵们骑着马和大象进入战场

# 05
# 《奥德赛》

荷马的《奥德赛》是有史以来最伟大的故事之一。写有《奥德赛》的莎草纸碎片可以追溯到大约公元前250年，其讲述了希腊英雄奥德修斯冒险航行，回到伊萨卡岛的故事。《奥德赛》是在埃及被发现的，当时的埃及受希腊文化影响，使用希腊语言。这篇小小的文献是荷马诗歌的一部分。在当时，这篇文献就已经有着600年的历史，被保存下来供后人阅读。

在埃及发现的莎草纸碎片，可追溯到约公元前250年。它来自荷马的《奥德赛》，第20卷，第41～68行，记录了奥德修斯向女神雅典娜吐露心事

《奥德赛》的故事已经流传了近3000年。自公元前700年首次编撰以来，《奥德赛》与《伊利亚特》就一起成为世界文学的瑰宝。之所以说“编撰”，是因为没有人知道作者到底是谁，或者故事是如何一代一代流传下来的。我们谈及的荷马可能是这两部伟大史诗的作者，但我们今天读到的迷人的诗句韵律也有可能是由古希腊早期不同的人所创作的。《伊利亚特》和《奥德赛》共同讲述的故事可能是真实的，也可能是传说，或者两者兼而有之。诗歌的故事来自已知最早的希腊历史时期。

抛开它的来源不谈，《奥德赛》讲述了狡猾的希腊战士奥德修斯（拉丁名为尤利西斯）从特洛伊围城战归来的非凡冒险。围攻特洛伊城的故事背景是特洛伊王子帕里斯和美丽的斯巴达王后海伦私奔到特洛伊城。海伦的丈夫斯巴达王愤怒地要摧毁特洛伊城。根据《伊利亚特》的描述，进攻的希腊人和特洛伊守军之间的斗争持续了10年之久，最终希腊人取得了胜利。奥德修斯说服他的同胞们建造一匹木马，并把木马抛下，军队假装扬帆远航。特洛伊人不知道木马里面有一群希腊勇士，便拖着马进了城。深夜，希腊勇士从木马里冲出来，占领了特洛伊城。“荷马的《奥德赛》”现在用来描述令人难忘的航行——我们的英雄奥德修斯回到他位于希腊大陆西部伊萨卡岛上的宫殿。旅程又持续了10年，奥德修斯经历了一连串可怕的事件，其中最著名的冒险是他和他的水手们与独眼巨人波吕斐摩斯的对抗。他们将一根烧红的木桩刺进了怪物的眼睛，然后逃跑了。但波吕斐摩斯的父亲——海神波塞冬立即诅咒了奥德修斯，让他在回家的路上遭受了更多的磨难。当奥德修斯最终到达伊萨卡岛时，他已经失去了所有的船员，但他仍然要对付那群追求自己妻子的男人。他们厚颜无耻地

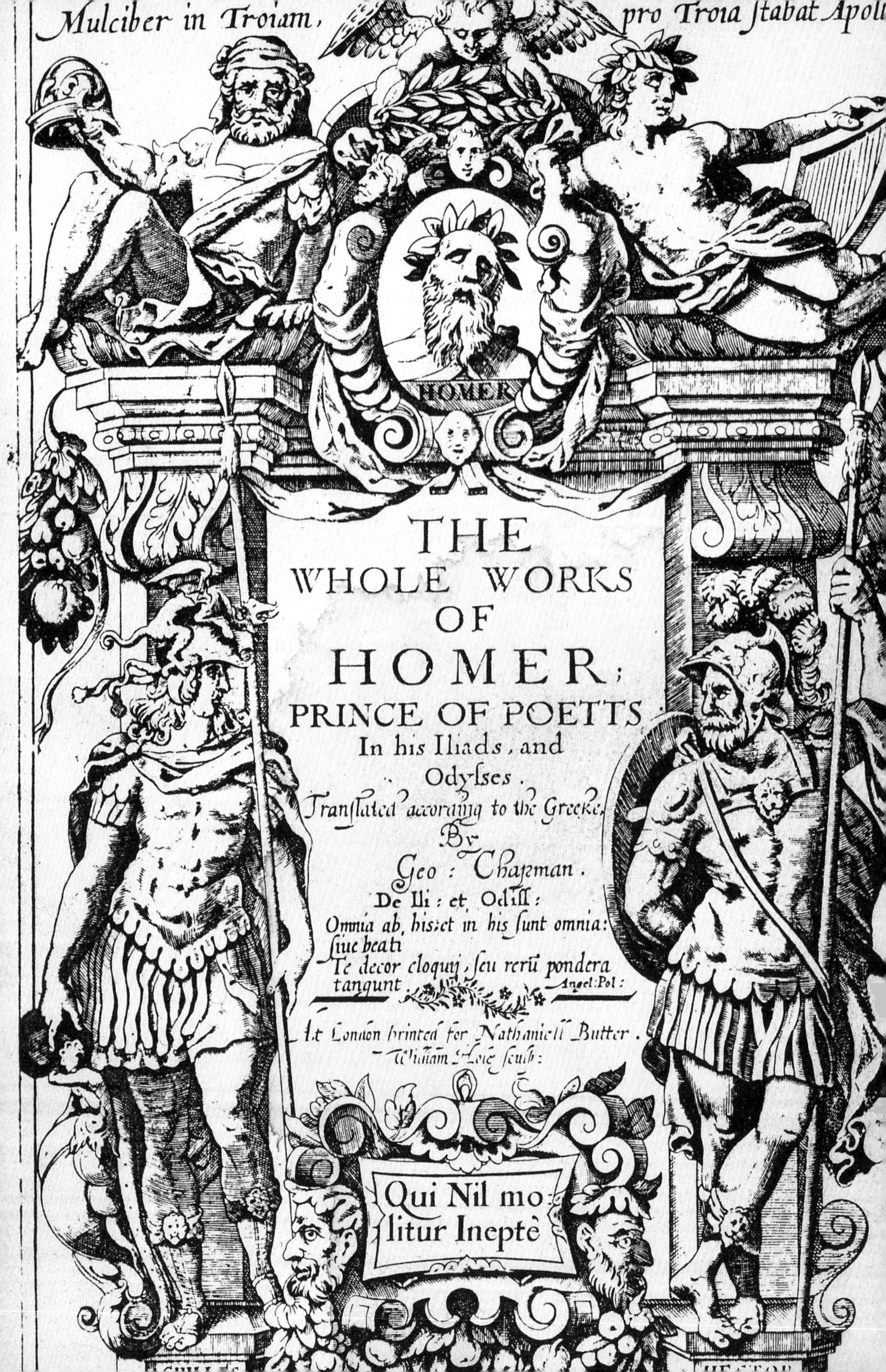
Mulciber in Troiam,
pro Troia ſtabat Apoll
HOMER
THE
WHOLE WORKS
OF
HOMER;
PRINCE OF POETTS
In his Iliads, and
Odyſses.
Tranſlated according to the Greeke,
By
Geo: Chapman.
De Ili: et Odiſſ:
Omnia ab his: et in his ſunt omnia: ſiue beati
Te decor eloquij, ſeu rerũ pondera tangunt.
Angel: Pol:
At London printed for Nathaniell Butter.
William Hole ſculp:
Qui Nil molitur Inepte

有着大量注释的16世纪威尼斯版《奥德赛》的文本，第11卷，第234～263行。奥德修斯讲述他遇到了波塞冬的情人堤洛和宙斯的情人安提俄珀的鬼魂

左页图：乔治·查普曼1616年翻译的《奥德赛》的扉页。诗人约翰·济慈读过《奥德赛》之后写道，“于是我有如夜观星象，忽见有新星游入眼底”（余光中译）

占领了他的宫殿，并要求与他的妻子珀涅罗珀结婚。

在这一刻，珍藏的莎草纸碎片开始向我们诉说这个故事。这段短文描述了奥德修斯担心他所面临的挑战，并向他的守护神雅典娜抱怨自己难以入眠。与此同时，他忠实的妻子珀涅罗珀还不知道奥德修斯的归来。她悲叹未来如此黯淡，宁愿远离这一切，甚至想要放弃生命。伟大的史诗在宫殿中安排了一场暴力场景，之后便给了故事一个幸福的结局。奥德修斯把自己的情况告诉了珀涅罗珀和他的儿子忒勒玛科斯，并同仆人用剑、弓箭打败了众多求婚者，战斗场面十分血腥。

下图：大英博物馆的荷马半身像。所有的荷马肖像都是艺术家们想象的产物，因为没有人知道这位伟大的诗人是否曾经存在过

经证实，《奥德赛》的莎草纸碎片大约来自公元前250年，这说明遥远的埃及在那时就有了书面版的《奥德赛》史诗。直到今天，学者和考古学家还在争论这个故事有多少真实性。特洛伊真的被围攻了吗？迈锡尼和其他希腊城邦的战士们真的穿越爱琴海，并在长期围攻后占领了这座城市吗？我们可以肯定的是，约公元前1600年到公元前1100年，希腊存在着伟大的迈锡尼文明。并且有证据表明，在土耳其西北部的达达尼尔海峡，曾经有一座城市存在。城市的遗迹位于

希沙利克，正如我们在最近的一次访问中看到的，遗迹确实矗立在一个略微隆起的地方，与大海隔着一片约 7 千米宽的平原，就像《伊利亚特》中描述的那样。更重要的是，从考古层面上看，这些废墟（被称为特洛伊遗址）可以追溯到公元前 1200 年左右，并且显示出被火烧毁的迹象。

如今，学者们仍就这些话题进行着激烈的争论，但确实存在着一种诱人的可能性，即希沙利克的土堆下藏着特洛伊的遗迹。如今，我们可以兴奋地站在这些断壁残垣前，想象曾在这片平原上进行的伟大战役，想象特洛伊城的陷落，以及奥德修斯之后经历的漫长的一切。正是这些引人遐想，古代诗人才能创作出这两部伟大的西方文学杰作。感谢这段古老的文字，这一故事将会永存不朽。

上图：奥德修斯在结束了痛苦的航行后，回到位于伊萨卡岛的家中，射杀了一群追求他妻子的人。这群追求者仗着他忠实的妻子珀涅罗珀热情好客而趁机追求

一幅 15 世纪的意大利画作，描绘得胜的希腊勇士阿喀琉斯坐在战车上，拖着特洛伊英雄赫克托尔的尸体绕过特洛伊城墙

# 06
# 放逐陶片

这一小块来自古雅典的陶器碎片是古希腊放逐用的陶片，相当于如今的投票单。迈加克利斯，他的名字已经被刻在陶片表面，由公民选择是否驱逐（被放逐出雅典）。这是世界上最古老的民主政治，放逐用的陶片就是最好的证据。

上图：四块放逐用的陶片，用以确定雅典选民的放逐选择。其中三块陶片上面刻着迈加克利斯的名字

克里斯提尼是希腊民主制度的早期创立者，他在公元前 6 世纪末制定了放逐制度。讽刺的是，雅典的选民们用这个放逐制度，流放了克里斯提尼的侄子迈加克利斯

陶片放逐法是最早、最纯粹的直接民主，赋予了人民权力。在公元前 5 世纪，古雅典公民每年可以走到中央市场阿哥拉，将一块放逐用的陶片放到瓮中。这是古代版的选票，但雅典选民并不是在纸上标记，而是把名字刻在陶器上。他们刻下的名字绝非选民想要选出的代表，而是他们想要赶出城邦的人。只要获得了雅典 3 万多名公民中投的 6000 票，那么被刻在陶片上的那个“不幸”的人就不得不收拾行囊，流亡国外。这种反对的投票，也就是放逐，是公民行使直接权力的一

种方式。

陶片放逐只是雅典公民及古希腊其他城邦的公民决定大事的一种方式。选民们聚集在阿哥拉或能看到卫城的巨大岩石平台上，他们并非像如今的国会议员那样，以人民代表的身份投票。他们是公民，任何重大决定、重大任命，都必须由直接普选决定。可以想象到，这一定会导致混乱，数以千计的人大声疾呼和起哄——发出嘘声和赞同的吼声，然后举手表决。这就像现代政府必须将所有决定交由全民直接公投，注意是所有决定，而非某个特殊的问题。

雅典的民主是改革进程的结果，始于公元前 6 世纪 90 年代，并在近 300 年后结束。但雅典并没有达到完全的民主，妇女和奴隶没有投票权，只有被承认为自由人的雅典公民才被赋予公民权。然而，在我们过于严厉地谴责这一做法之前，我们应该明白，直到 19 世纪末，现代民主国家才开始赋予妇女投票权，并且没有哪个现代国家的男性公民享有过古雅典人那样的投票权。

民主的英雄是雅典的立法者梭伦和克里斯提尼，他们做出了最大的贡献，使世界走上“民有、民治、民享的政府”（亚伯拉罕·林肯语）的道路。公元前 6 世纪，他们建立了直接民主制度，让所有自由的男性公民在决策和选择管理国家日常事务的官员方面有直接发言权。梭伦开始了肃清旧贵族的进程，而克里斯提尼在公元前 508 年至公元前 507 年对其进行了完善。雅典所有的男性公民享有被选为五百人议事会成员的平等机会。该议事会监督国家的日常运作，并受拥有最高权力的全体公民大会管辖。这样的政府形态让雅典走向民主、繁荣的黄金时代。但这种繁荣时断时续，近两个世纪后，马其顿控制了整个希腊。

克里斯提尼也是陶片放逐法的首创者，这种小陶片甚至能放逐雅典最高贵、强大的人。它是直接民主的有力工具，但有时会被选民无情地使用，他们会把矛头指向那些不受欢迎的人。雅典富有创新精神的领袖地米斯托克利就是陶片放逐的受害者之一。公元前 480 年，他设计阻止了波斯对希腊的大规模入侵。他曾是一个受人欢迎的英雄，后来因被指控腐败而被赶出了城邦。并且克里斯提尼的侄子也被流放了。十年前，克里斯提尼备受雅典人敬重；十年后，他的侄子就被流放了。这戏剧性的讽刺体现了他所释放的民主自由的本质。

我们现代世界的民主在很大程度上要归功于雅典的民主，如此多的雅典人在政府中获得决定性的权力，但雅典政治的直接民主永远不会重现。如今，国家可能扩大了所有公民的投票范围，但人口众多，我们无法像古希腊那样赋予人民直接民主的权力。

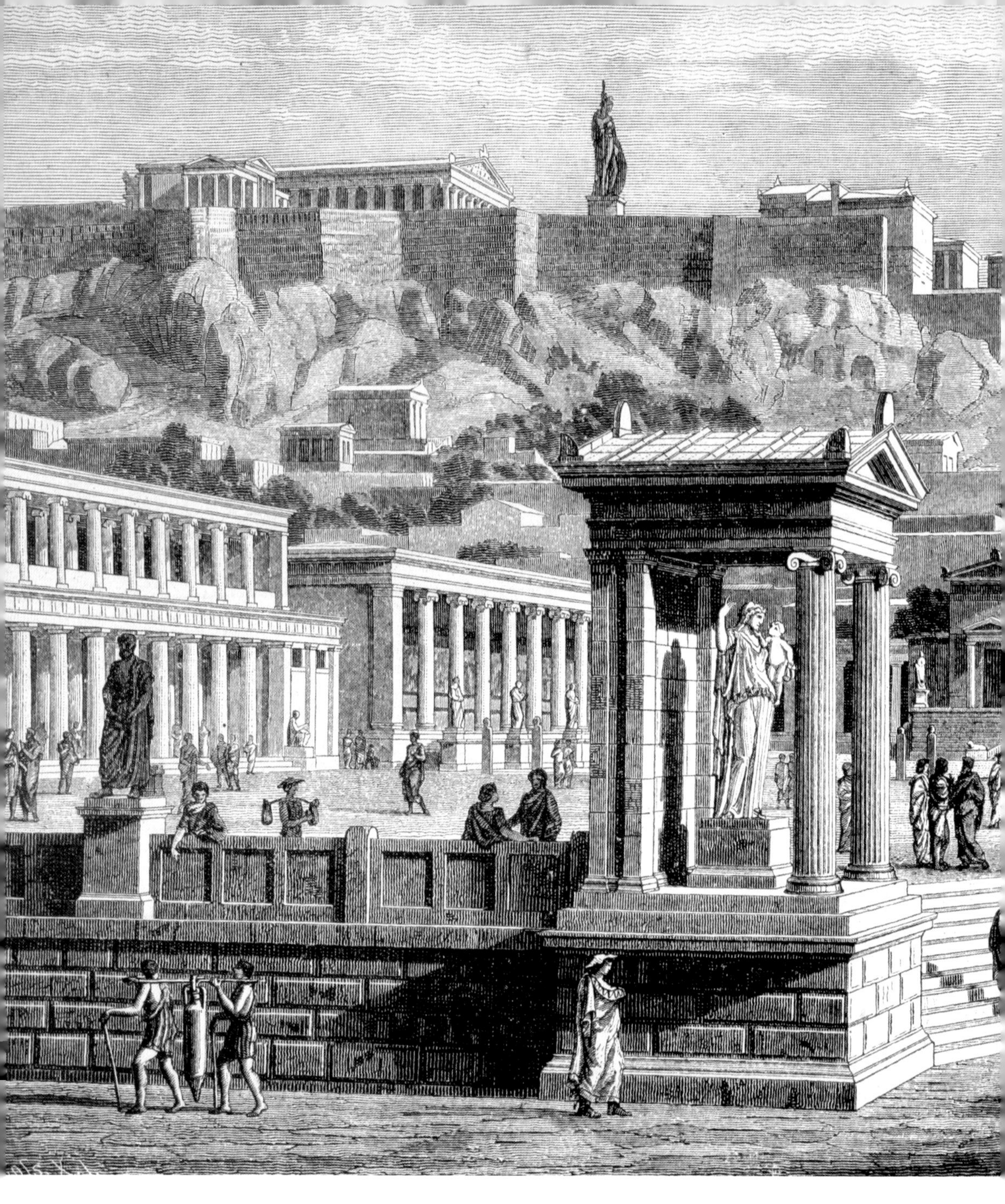

艺术家眼中古代雅典的集市阿哥拉，位于卫城下方。雅典公民从公元前 6 世纪开始享有完全的自由，雅典民主在那时繁荣起来

# 07
# 罗塞塔石碑

罗塞塔石碑为破译古埃及象形文字提供了钥匙。刻在石头上的祭司法令是在公元前 196 年用三种语言书写的。其中的两种文本是希腊文和古代通俗文字，很容易翻译，这使得专家们能够弄清楚第三种文本的含义，即象形文字的含义。

罗塞塔石碑，上面是象形文字，中间是通俗文字，下面是古希腊文字。埃及法老托勒密五世的象形签名（红色方框里）十分醒目

1813 年，英国科学家托马斯·杨爵士凭借广博的知识和执着的好奇心，着手破解埃及象形文字

最终解释了罗塞塔石碑的法国学者让－弗朗索瓦·商博良。他曾和杨共事一段时间，但很快他的研究就更加深入了。商博良在 1824 年发表了他的详细发现

1799 年，28 岁的皮埃尔·弗朗索瓦·布沙尔是拿破仑在埃及的工程兵中尉。拿破仑让布沙尔负责重建尼罗河三角洲罗塞塔（今拉希德）附近的一个古堡垒。那年 7 月中旬，他碰巧在碎石中发现了一块高 112.3 厘米、宽 75.7 厘米、厚 28.4 厘米的黑色大石头，由花岗闪长岩制成。花岗闪长岩是一种产于埃及东部的坚硬石头。石头的一面刻有三种语言的铭文。这引起了布沙尔的兴趣。显然这个巨大的石碑意义非凡，并立刻引起了与布沙尔同行的人们，甚至是拿破仑本人的注意。

布沙尔偶然发现的石头实际上是迄今为止最珍贵的考古发现之一。在约 300 年前，埃及马穆鲁克的建筑商在建造堡垒时使用了这块石头。他们不知道那是什么，也不知道上面写着什么。但几乎可以肯

定的是，他们是从尼罗河岸赛易斯遗址附近一座倒塌的古埃及神庙中找到的。

后来布沙尔并不走运，被英国人抓获。英国人把拿破仑和他的法国军队赶出了埃及。此时，法国和英国的专家先后对罗塞塔石碑的发现表现得热情高涨。他们很快发现上面用三种语言刻着某种法令——上面是埃及象形文字，中间是埃及通俗文字，下面是古希腊文字。他们知道，如果这三种文字的意思相同，那么这可能就是解释古埃及的象形文字的关键。

布沙尔发掘出的这段铭文可以追溯到公元前 196 年，那是埃及动荡不安的一年。公元前 204 年，托勒密五世当上了法老，当时的他只有 5 岁，父母都被谋杀了。公元前 196 年，他 13 岁，而他的国家正处于动荡状态。埃及部分地区发生了叛乱，刻在石碑上的法令显示出皇室家族为了自身和国家的福祉，十分依赖神职人员。在罗塞塔石碑上，祭司们承诺，作为国王向埃及庙宇赠送粮食和白银的回报，他们将确保国王的生日和加冕日成为每年庆祝活动的日子。

石碑的价值远远超过了这段微不足道的朝代史。它打开了一扇门，让人们了解这世

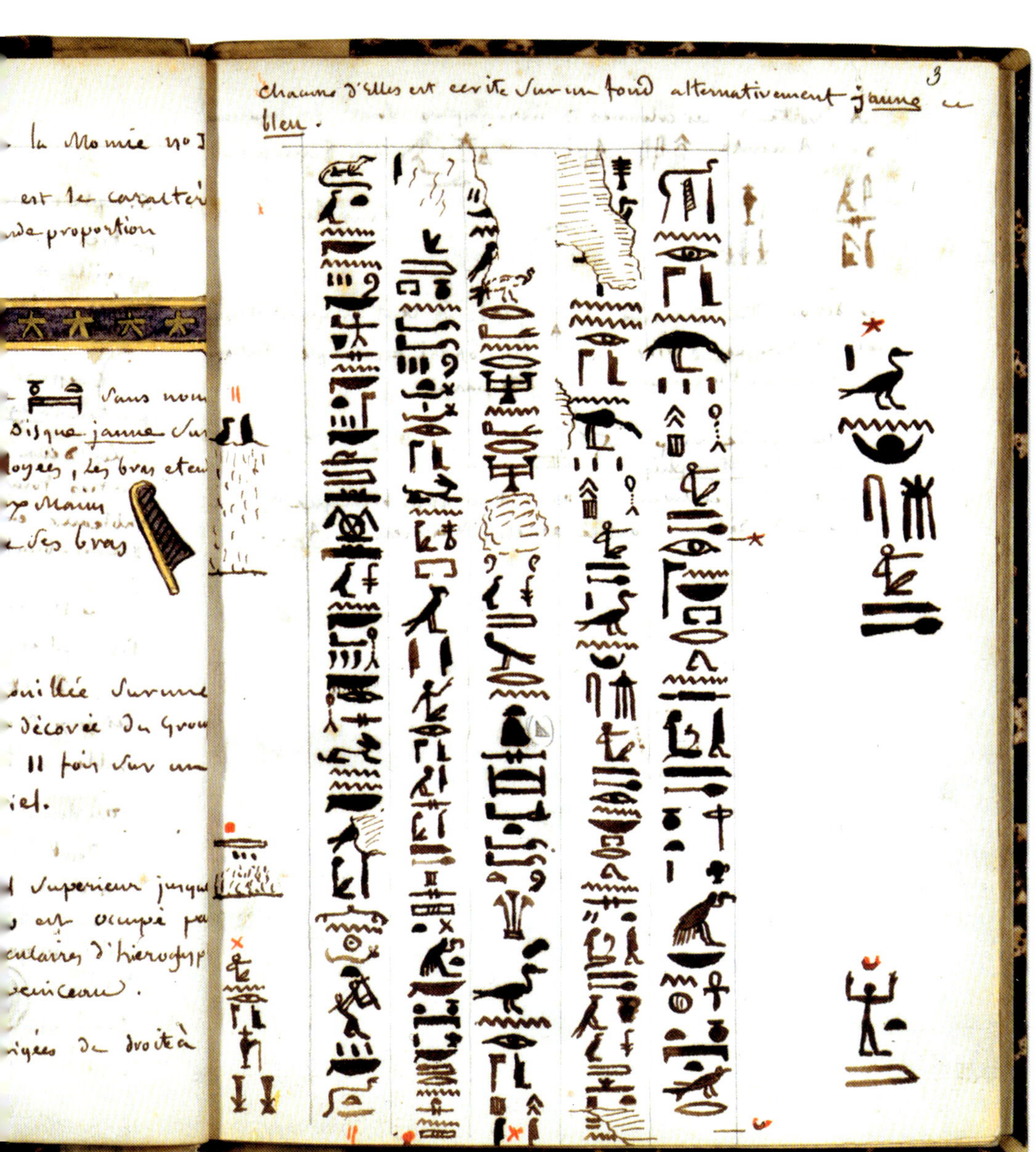


商博良的笔记反映了他在破译埃及象形文字时的艰苦。他研究的每一个符号重现了古埃及被遗忘的语言

界上最动人的文化之一，了解到这个文化的文字。所有那些蒙在吉萨、萨卡拉、卢克索和其他伟大的古埃及遗址的无名纪念碑和坟墓上的神秘面纱将很快被揭开。英法两国花了 20 年的研究和竞争，才把这一预测变成了现实。然而，纷争始于埃及，在埃及，胜利的英国人为了这块石碑的所有权，和法国人发生了疯狂的争夺。有一种说法是，这位战败的法国陆军指挥官将这块石碑藏在行李中的几块地毯里，但在前往法国的途中，石碑被发现了。

石碑由一艘被缴获的法国护卫舰——皇家海军“埃及舰”运送到英国，并被放置在大英博物馆。碑文的抄本在国内外广为流传，英法知识分子之间的斗争随之展开。两个主要人物是在伦敦的托马斯·杨和在格勒诺布尔的让-弗朗索瓦·商博良。杨努力研究所谓的“文字纹路”,即用象形文字清楚地勾画出短语，他认为是指埃及法老的名字。他成功地发现，罗塞塔石碑上的一个象形文字代表着“托勒密”这个名字。杨和商博良都对象形文字的最终破译做出了重要贡献，但商博良在 1822 年出版的象形文字词典是埃及古物学家能够理解埃及陵墓和神庙里的文字的起点。这些文字揭示了各个朝代、国王和高官的故事。

参观大英博物馆的游客对展出的杨和商博良肖像画的尺寸表示不满。这时，两人之间的恩怨上升到了国家范畴。尽管这两幅画的尺寸完全一样，但在 20 世纪 70 年代早期，法国游客认为博物馆中杨的画像更大，并表示反对；而英国游客则认为商博良的画像更大，也表示反对。

# 08
# 《死海古卷》

1946—1947年，一群巴勒斯坦牧羊人在位于昆兰（死海的西边）的洞穴中偶然发现了《死海古卷》。古卷记录了希伯来文《旧约》的大量章节，在2000年前，一群人根据更古老的《圣经》文本创造了这些古卷。而这些人来自一个恪守宗教律法的犹太教派——艾赛尼派。

又高又细的罐子，《死海古卷》便是从中发现的。罐子上的盖子有助于防止卷轴受潮

第二次世界大战后，人们偶然发现了一份保存完好的珍贵《圣经》手稿，即《死海古卷》。《死海古卷》书写于莎草纸上，这是一种由纸莎草的茎做成的纸张。《死海古卷》包含了希伯来文《旧约》的内容，比现存的任何详细文献还要早上1000年。牧羊人在死海西北角附近发现的这些文献，以令人着迷的细节揭示了在基督教诞生之际，犹太人对其古老的《圣经》著作的了解。

发现第一批古卷的牧羊人曾在当地市场上兜售古卷，但并没有引起多少人的兴趣。最后，牧羊人以几美元的价格卖掉了古卷。两三年后，学者们才认识到这些古卷的真实价值。1949年，挖掘出古卷的洞穴再次被人们发掘。

撰写这些经文的人（经文一定是从早期材料中抄写来的）来自非常恪守宗教律法的犹太教派，他们与世隔绝地生活在耶路撒冷以东40千米的一个名为基伯昆兰的村庄。学者们认为，他们就是艾赛尼派。自公元前300年，艾赛尼派便一直过着一种极端的修道生活，一直持续到公元73年，罗马人镇压了犹太人的起义。罗马作家普林尼将艾赛尼派描述为“世界上独一无二、令人钦佩的人，他们没有女人，完全放弃爱情，没有钱，只与棕榈树为伴”。在基伯昆兰，这些节制的隐居者有一个缮写室（以供阅读和写作的房间），他们日复一日地在那里工作，然后把莎草纸藏在罐子里，放在周围山坡的十几个洞穴中。如今，学者们根据发现的洞穴来对这些卷轴进行鉴定。艾赛尼派教徒穿着白色的衣服，吃着简单的食物，严格坚持教规，尤其是在安息日。在安息日，他们甚至禁止排泄。在平时，他们得找一个偏僻的地方上厕所，然后把粪便埋起来。不雅暴露（不清楚是意外还是故意暴露）会带来至少30天的处罚。

左页图：由专家精心拆解的卷轴，总共约有1000篇文本，主要记录的是希伯来文《旧约》

这些卷轴是在死海西北部古定居点基伯昆兰附近干涸土地上的洞穴中发现的。1946 年，牧羊人偶然发现了第一批陶罐

这些缮写的教徒做了杰出的工作，幸存下来的文献约 950 份，主要是用希伯来语和阿拉姆语写成的手稿。它们记录了希伯来《圣经》（《旧约》）中大大小小的段落，从《创世纪》到《出埃及记》，从《利未记》到《民数记》，从《申命记》到《先知书》。伟大的《以赛亚书》包含了《旧约》全部的 66 个章节。

这座巨大的《圣经》宝库有一个有趣的特点，即它与 1000 年后编纂的中世纪马苏拉文本不同——直到古卷被发现之前，中世纪马苏拉文本一直被视为《圣经》的经典来源。举个有趣的例子，大卫在一次战斗中杀死了巨人歌利亚，而巨人歌利亚在《圣经》的授权版本中（源自马苏拉文本）被描述为有六肘零一虎口高（《撒母耳记上》17:4）。这样一来，他就有 3 米高。从 4 号洞的撒母耳卷轴上看，他的身高是四肘零一虎口，也就是 2 米多一点。

两者的不同之处不仅在于文本内容不同，还在于古卷的内容偶尔会更加详细。例如，在《创世记》第 12 章中，亚伯拉罕要和妻子撒拉前往埃及。然而，亚伯拉罕担心法老会迷恋上撒拉，然后想要杀了自己，除掉障碍。《圣经》只说撒拉“非常漂亮”，这些古卷却进行了更详细的描述：“她的头发是多么纤细，她的眼睛何等可爱，她的鼻子和面容的一切光辉是多么令人向往……没有一个处女或新娘比她更美……”对于所谓的清教徒艾赛尼派来说，这些额外的描述是一种奇怪的暗示！

在基督降生、受难后的三四十年里，艾赛尼派依旧生活在基伯昆兰。学者们对这些卷轴进行研究，希望能找到与新基督教有关的典故。有些人认为，书中提到的“被杀的弥赛亚”可能是一个积极的信号，但这一暗示与其他暗示的联系并没有为人们所接受。

许多卷轴是由羊皮纸或莎草纸的小碎片组成。专家们用特殊的仪器仔细地把它们拼凑在一起

这些卷轴现在大多收藏在西耶路撒冷以色列博物馆的圣祠里。每年有数万人前来参观古卷。每个卷轴只展出三到六个月，然后就会被收藏起来，即使是最柔和的光线，也会对古卷造成伤害。神奇的发现、古卷本身的谜团让《死海古卷》跨越时间，始终保持着一种神秘感。同时，它们也是古人馈赠给小说家的宝物。《死海古卷》多次出现在丹·布朗的小说《达·芬奇密码》中。

右页图：图片中的碑文《奥古斯都神的功业》是现代副本。这一碑文夸耀了奥古斯都大帝的成就。碑文分为四个部分，赞扬了奥古斯都的政治生涯、天赋、军事行动，以及他声称得到了广泛的民众支持

# 09

# 《奥古斯都神的功业》

在土耳其安卡拉，有篇碑文占据了当地一座罗马神庙的一整面墙。我们选取的文献便是这篇刻在罗马神庙墙上的碑文《奥古斯都神的功业》的副本。它记录了罗马第一位皇帝从公元前 30 年到公元 14 年统治期间的所有成就。

奥古斯都大帝在这一碑文中大肆宣扬自己的成就，这并不令人惊讶。他统治罗马的时间几乎与耶稣基督生活在犹太的时间完全相同。奥古斯都大帝决心要让这个庞大帝国里的所有人都铭记他的功业，而他也的确留下了值得骄傲的功业。奥古斯都大帝继位时，罗马内乱爆发，罗马共和国濒临覆灭，但他在统治期间结束了内乱，建立了新的政治体制，以维护罗马的安定。这套体制延续了 1500 年，如同灯塔一般为后人指引方向。罗马皇帝变成血亲世袭，统治罗马帝国。这些帝王各自有着不同的命运，而罗马帝国的统治持续到 1453 年。这一年，君士坦丁堡陷落。

奥古斯都是首位皇帝，也是最有能力和最成功的皇帝之一。他无情地镇压了所有的对手，结束了共和国的内乱。他的最后一个对手是不幸的安东尼。安东尼十分迷恋埃及艳后，这使他错失了领导罗马世界的机会。到公元前 27 年，奥古斯都已无敌手。他在碑文中公然宣称："我掌管一切事务。"奥古斯都的成功带来了 40 年和平的统治。公元 14 年，奥古斯都的统治以他的殒世而告终。这就是奥古斯都时代，一个写作和其他艺术创造力大爆发的时代。这个时代涌现出了许多人物，如维吉尔、贺拉斯、奥维德，以及许多捐助者和建筑师，他们丰富了世界的艺术成就。奥古斯都赞扬自己的功绩，用他的传记作者苏埃托尼乌斯的话说就是："我接受的是一座砖造的罗马城，却留下了一座大理石的城市。"维吉尔在《埃涅伊德》中也赞美："奥古斯都，亲如主神。他带来了一个黄金时代，使古老的农神权杖回归到拉丁这片土地上。"

那么，为带来"黄金时代"、开启长盛不衰的帝国统治，奥古斯都到底做了什么呢？答案是，他花了不少时间，把旧共和国的体制转

《奥古斯都神的功业》碑文原件之一，位于土耳其安西拉（今安卡拉）的奥古斯都神庙，现已残缺

约公元前 20 年到公元 10 年的罗马帝国地图

这尊奥古斯都的大理石雕像于1863年在他妻子莉薇娅的别墅废墟中被发现，高2米。他是罗马的首位皇帝，统治罗马44年，在位时间从公元前30年到公元14年

化为新体制，使他得以建立一个根深蒂固、持久的独裁政权。这是一个循序渐进的过程，在整个改革过程中，他总是小心翼翼，强调自己尊重罗马元老院。尤利乌斯·恺撒在太短的时间内攫取了太多的权力，而奥古斯都则与他的叔祖父不同，他是一个谨慎的人。

在他掌权的头几年，这位无可争议的年轻领袖给人的印象是尊重元老院和其他官员做出重要决定的权利，但他后来慢慢地掌握了权力，宣示自己的权威。奥古斯都虽避免行帝王之事，但在公元前 27 年，他成为元老院元首和军队指挥官。很快，他就获得了终身保民官的权力，使他可以召集元老院并主持选举。

在奥古斯都去世一个世纪后，苏埃托尼乌斯在书中把他描述为一个“好色之徒”，行事极其残忍。同时，他也很慷慨，并且在受到过度奉承时还能表现出谦虚，甚至不赞成。奥古斯都的身高低于平均水平，“眼睛清澈明亮。他的眉毛在鹰钩鼻上方相交……还有一头淡黄色的卷发”。他不喜欢花言巧语，说话清晰直接，“吃饭时酒和水从不超过三杯”。

奥古斯都为罗马和意大利的行政管理规范化做了很多贡献。他去世时，罗马帝国的领土已经完全覆盖了地中海，并延伸到巴尔干半岛。正如碑文所言，他为帝国增加了几个行省，将罗马北部边境一直延伸到多瑙河。

在奥古斯都继任者的统治下，恺撒王朝陷入了堕落和无能的泥潭，直到近一个世纪后，在图拉真、哈德良和安东尼皇帝的统治下，罗马帝国才在 2 世纪重新焕发光彩。但人们对罗马第一位皇帝统治时期的记忆从未褪色。18 世纪早期的英国经历了一段知识创新的繁荣时期，其因涌现出许多小说家、哲学家和讽刺作家而闻名于世，被称为“第二个奥古斯都时代”。

WELTSYSTEM
oder
Darstellung des
nach der
des
PLANO
Schütze
Steinbock
Wassermann
Fische
Widder
Stier
Die Bahn des Saturn
SATURN
Die Bahn des Mars
MARS
Der Mond mit der u
ihm liegenden We
Sonne, Venus und Merkur bewegt.
VENUS
Bahn des Merkur
MERKUR
Bahn der Venus

# 中世纪与现代早期

约600年至1648年

# 10
# 《古兰经》

《古兰经》是伊斯兰教的圣典，可能也是世界上阅读和传诵次数最多的作品。《古兰经》的哲学、戒律和行为准则使伊斯兰教成为世界近四分之一人口的宗教信仰。穆斯林认为《古兰经》是天使长加百列在 610 年至 632 年间向先知穆罕默德透露的“安拉的启示”，认为穆罕默德是众多先知中最后一个也是最重要的一个，众多先知还包括阿丹（亚当）、努哈（诺亚）、易卜拉欣（亚伯拉罕）、穆萨（摩西）和尔撒（耶稣），他们都从安拉那里得到了启示。

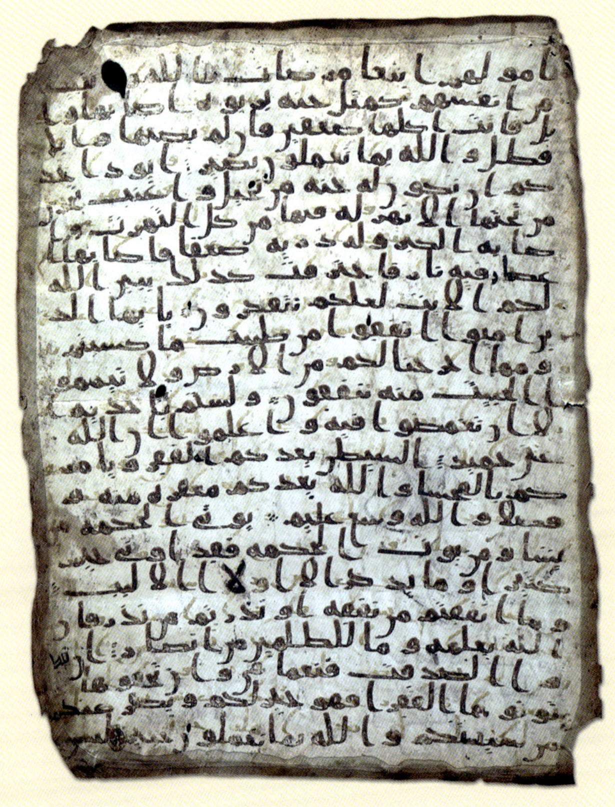

这张 7 世纪的羊皮纸是世界上最古老的《古兰经》副本之一，于 1972 年被翻修也门萨那大清真寺的工人发现。它是一个重写本，经历了写成、擦掉，然后重写的过程

610 年的一个晚上，40 岁的穆罕默德在麦加附近的希拉洞穴进行修行。这时，天使长加百列来到他身边，宣布安拉选择穆罕默德为先知，并向他念了三段经文。当他醒来时，这位新上任的真主使者表示，这些经文已经刻在他的心上。在接下来的 22 年里，他在麦加和麦地那还得到了许多启示，他把这些启示都背了下来，并把真主之言分享给圣门弟子。有些圣门弟子会写字，他们就把穆罕默德宣谕的真主之言刻在石板、棕榈叶和动物骨头上，成为《古兰经》最早的经文。

632 年，先知穆罕默德去世后，他的岳父艾卜・伯克尔被任命为继承人，称为"哈里发"。艾卜・伯克尔命令文士收集尽可能多的经文，并汇编成稿本。随着伊斯兰教从阿拉伯半岛扩展到波斯、地中海东部和北非，人们越来越担心《古兰经》会被破坏。

据说，大约在 650 年，第三任哈里发奥斯曼（穆罕默德的女婿）在艾卜・伯克尔整理的原稿的基础上进行了修订，并下令销毁所有其他抄本。奥斯曼版的《古兰经》成为定本，即伊斯兰教的圣典。现在在全世界通行的《古兰经》，只有这种定本。

《古兰经》共 114 章，6236 节，77934 个词。章被称为"苏拉"，每一苏拉都由几节经文组成，主题从真主的全能到支持穷人，大约三分之一的经文涉及后世和末日审判。其余的经文提到了祈祷、历史、对自然的研究以及信徒的道德和法律义务。其中一些经文是有争议的，可以有不同的解释。

伊斯兰教中出现了一些裂痕，特别是先知穆罕默德的继承权之争。"什叶派"认为哈里发应由穆罕默德的堂弟阿里担任，他是穆罕默德的血亲。而"逊尼派"则坚持让穆罕默德的岳父艾卜・伯克尔成

德国业余考古学家奥本海姆《古兰经》中的装饰图案反映了伊斯兰教的传播。类似的图案在西班牙的阿罕布拉宫和摩洛哥也能找到

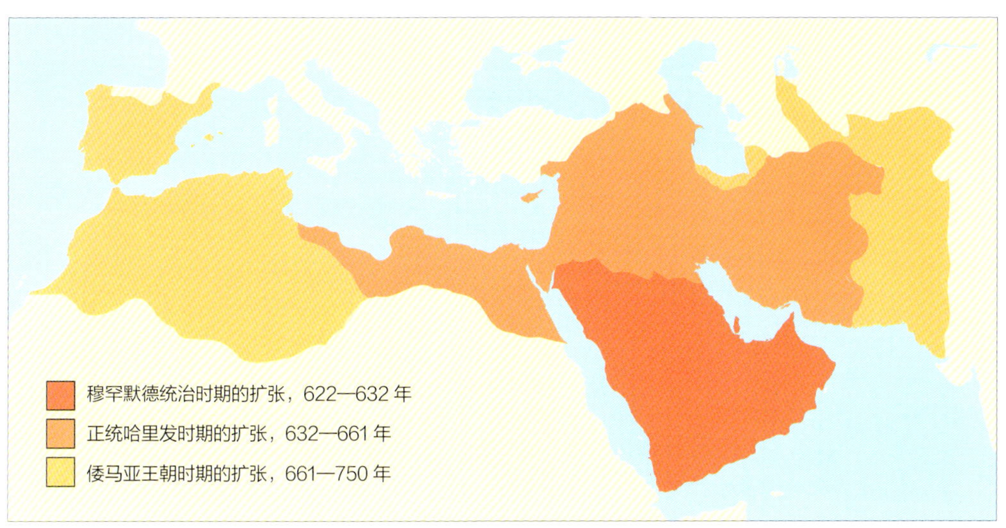


鼎盛时期的阿拉伯帝国的地图

为新的领袖。逊尼派在争论中获胜，如今逊尼派占全球穆斯林人口的近 90%。近代以来，双方在沙特（逊尼派政权）和伊朗（什叶派中心）等国家都发生了冲突。但是，不管他们有什么分歧，伊斯兰教的这两个分支都接受奥斯曼版本的《古兰经》。

穆罕默德被视为改革家，他用伊斯兰教义取代了阿拉伯半岛的异教部落信仰，并对宗教、家庭关系、商业行为和政治产生了影响。在他去世后的 80 年内，穆斯林军队开始了征战，开始建立起世界历史上的一个伟大的帝国。被征服土地上的居民并没有立即信奉伊斯兰教，但是，随着穆斯林学校的建立和清真寺的修建，阿拉伯语、风俗习惯和伊斯兰教信仰也得以传播。该宗教继续沿着贸易路线进入非洲和亚洲。奥斯曼人于 1299 年建立了奥斯曼帝国，并于 1453 年占领了君士坦丁堡，改都城名为伊斯坦布尔，版图一直推进到维也纳城门。奥斯曼帝国继承了伊斯兰文化，促进了伊斯兰教在世界范围内的第三次大传播。如今，世界上有近 20 亿穆斯林。

# 11

# 《凯尔经》

苏格兰爱奥那岛上的修道院。563 年，修道院由圣哥伦巴（或圣科姆西尔）建立，是哥伦巴派修道士的住所，直到 806 年他们因维京人入侵而逃离。修道院在 20 世纪进行了全面重建，现在是基督教爱奥那社区的所在地

《凯尔经》是一部中世纪的彩绘手稿，记录了基督教《圣经》中的四部福音书。800 年左右，修道士们创作了《凯尔经》，他们依据更早的文本进行创作，并对文本进行了装饰。我们选择了一幅整版的圣母玛利亚和她的孩子的图片（见下页），色彩斑斓。

凯尔斯修道院的废墟位于都柏林西北 70 千米处。
9 世纪初，爱奥那的修道士们在这里避难

《凯尔经》讲述了基督教《圣经》中四部新约福音书的故事，人们普遍认为《凯尔经》是现存最精美的书籍之一，但还不能确定它具体是在哪里被创作出来的。目前最可靠的说法是，在 800 年左右，一群杰出的书法家和画师创作出了《凯尔经》，他们居住在苏格兰爱奥那岛上。而他们工作的修道院是由爱尔兰传教士圣哥伦巴（或圣科姆西尔）在 6 世纪建立的。806 年，修道院遭到维京人的破坏，许多修道士被杀。一些幸存的修道士很可能带着这本书回到了爱尔兰，并在距离都柏林 70 千米的凯尔斯修道院避难。虽然维京人也曾在爱尔兰的部分地区游荡，但这本书还是在爱尔兰保存了下来。书籍是在后期完成的，也许那时修道士们所处的环境要更安全一些，修道士们设法保存了这份宏伟的彩绘手稿。

修道士们专业且一丝不苟地撰写《凯尔经》并为其绘制插图。他们的福音书版本取自所谓的武加大译本，即拉丁通行本。《凯尔经》饰以华丽的装饰、大量的旋涡状图案，缀以人、植物和动物的图画，尤其是书中对动物的描绘，充满了想象力和幽默感——动物们会耍各种花样，有时甚至小到需要用放大镜才能发现。

《凯尔经》中很多句子开头的大写字母都是由小动物组成的，它们如同在进行着灵活的杂技表演。左页这张圣母玛利亚和孩子的图画很早便出现在书中，玛利亚的椅背顶部是一个长相可怕的野兽，它咬下两条蛇的头来保护玛利亚和孩子。人们认为，图画中许多人物可能是修道院中其他修道士的卡通形象。的确，我们和许多人一样震惊，觉得玛利亚怀里的孩子的脸明显不像婴儿。

专家们已经确定，有四位不同的抄写员参与撰写《凯尔经》，且每一位的风格都略有不同。其中一位尤其热衷于将大写字母写得更为

左页图：在《凯尔经》中，被天使环绕的圣母和圣婴占据了最重要的位置。对圣母玛利亚的崇拜在爱尔兰很早就开始了

mm
ll
kk
ii
hh
gg
ff
ee
dd
cc
bb

华丽，但这四位显然都受到了欧洲其他地区众多书法流派的影响，这些流派都力求精心的设计。爱尔兰人以“孤岛风格”的书法而自豪，但早在圣哥伦巴时代，这种书法风格就由欧洲边缘的爱尔兰抄写员发展起来了。

《凯尔经》被写在特制的牛皮纸上。爱尔兰环境潮湿，这种牛皮纸便显得异常珍贵，因为其他材料的纸张可能不那么结实。而这些奇迹般保存下来的色彩用到了几种不同的颜料。蓝色颜料来自靛蓝植物或菘蓝，菘蓝是欧洲卷心菜的一种，在北欧很常见；黄色来自一种叫作黄砷的矿物质；红色则来自红铅。

《凯尔经》共分四部分，每部福音书为一部分。如今，每部福音书都保存在单独的盒子里。原书非常大，封面做工精细，但封面连同30页文本一起丢失了。由四部分组成的介绍插图将四位福音传道士描述成四种活物：马太是人；马可是狮子，野兽之王；路加是牛，家畜之王；约翰是鹰，百鸟之王。

没有人知道《凯尔经》在中世纪的修道院中到底是用来干什么的。它如此之大，应该不是为了日常礼拜之用，而只是为特殊的仪式场合保留下来的。《凯尔经》经历过维京人的侵略，还曾在1007年被盗贼抢走，但令人惊奇的是，它没有被销毁。窃贼似乎撕掉了封面，然后将这本珍贵的书埋在草丛中。几个月后，这本书又在草丛中被找到。16世纪中叶，凯尔斯修道院被废弃后，《凯尔经》被移至都柏林三一学院妥善保管，并一直保存至今。

每年约有50万人参观三一学院图书馆的《凯尔经》。图书馆常年陈列着两卷经书，大约每月翻动一次书页。其中一卷展示文字，另一卷展示插图。

宏伟古老的都柏林三一学院图书馆，长65米。
《凯尔经》是其20万本藏书中最著名的一本

《凯尔经》中的 “四位福音传道士”。马太是人，其他三人由动物代表：马可是狮；路加是牛；约翰是鹰

# 12
# 《大宪章》

《大宪章》，又称《自由大宪章》，是英国具有开创性的法律文件，首次确立了任何人，甚至是国王，都不能凌驾于法律之上。《大宪章》被称为英国宪法的圣经，它被视为基础性文件，是建立个人权利、反对任意使用权力的第一步。在八个世纪的历程中，它塑造了世界各地的法律体系、议会民主制和我们的自由概念。

约翰国王的印章用以证实他的皇室文件是真的。在印章的正面，国王拿着一把剑和权杖；在背面，国王骑着一匹马。1215 年《大宪章》的所有原件都盖有这枚印章

中世纪用鹅毛笔在羊皮纸上写就的拉丁语《大宪章》已经成为正义和自由的代名词。它虽是 800 多年前写就的，但如今仍能引起人们的共鸣。

《大宪章》可以追溯到 1215 年。该契约旨在限制最不受欢迎的国王——约翰国王的权力，他在 1199 年至 1216 年统治着英格兰。同时代的人描述约翰为“一个残暴的小畜生”。他在位期间的大部分时间都在和法国打仗并且战败，然后指望他的贵族（主要的地主）支付高昂的军费。在 1214 年英国经历了最屈辱且损失严重的军事失败后，一些贵族起义并占领了伦敦。1215 年 6 月 15 日，约翰在泰晤士河岸边传统且安全的兰尼米德集会地点与贵族们会面。约翰国王被迫屈服，答应了贵族们的许多要求。这次会议的成果就是《自由大宪章》，即后来的《大宪章》。

《大宪章》共 63 个条款，大多针对土地所有权、税收和教会自由等具体问题，但也有一些根本性的新规定，其首次明确规定君主必须遵守国家法律。第 39 条是最重要的条款，内容是“任何自由人，如未经其同级贵族之依法裁判，或未经国法判决，皆不得被逮捕、监禁、没收财产、剥夺法律保护权、流放，或加以任何其他损害”。

约翰国王不情愿地同意了宪章，但随后将其送交英国大封建主——教皇英诺森三世。教皇英诺森三世宣布这个宪章“是非法的、不公正的，损害了王室的权利，是英国人民的耻辱”，并裁定它“永远无效”。《大宪章》的有效期只有 10 周。随之而来的是混乱，国王与贵族之间发生了内战。法国国王路易入侵英格兰，约翰国王死于痢疾。1216 年，约翰 9 岁的儿子亨利三世继位。为了赢得贵族们对反法斗争的支持，亨利的顾问们颁布了修订版的《大宪章》。修订版删

马萨诸塞州州府的一扇彩色玻璃窗反映了《大宪章》对美国独立战争宣言的影响。一位美国反抗者一手拿着剑，一手拿着《大宪章》

约翰国王在《大宪章》上签字。他被起义的贵族包围，并被迫服从他们的要求

这是 1225 年版的《大宪章》，是亨利三世颁布的第三个版本，也是第一份盖有他自己印章的版本。前两个版本是在他孩童时期颁布的。第 29 条（1215 年版为第 39 条）在手稿的第二洞往上 5 行。它保证“任何自由人，如未经其同级贵族之依法裁判，或未经国法判决，皆不得被逮捕、监禁……”

去了一些争议较大的条款，但保留了原宪章的精神。在法国人被赶出英格兰后，1217 年，英国又制定了另一个版本。

1225 年，亨利国王重新颁布了《大宪章》，以换取国家给予他的税收。1297 年，《大宪章》被写入法典，最终成为法律。最初的宪章只适用于自由人，而当时的自由人只占英国人口的一小部分，但

大英图书馆馆藏 1215 年《大宪章》原文。重要的拉丁文文本被我们标示了出来，即著名的第 39 条

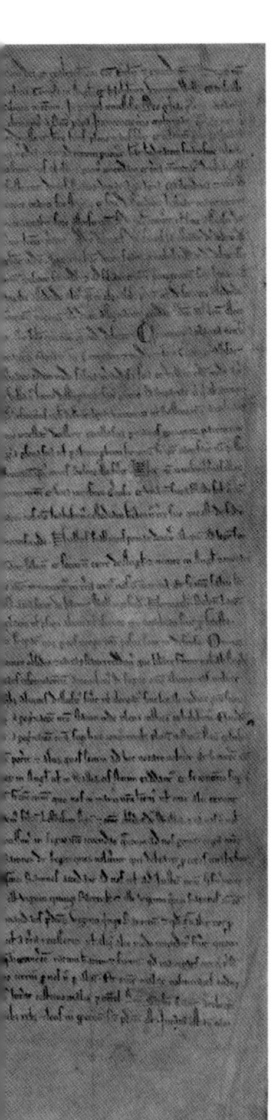

经过几个世纪的发展，适应性极强的《大宪章》成为所有人自由和正义的象征。

1776年，反对英国议会征税等的美国殖民者以《大宪章》作为他们的战斗口号。美国开国元勋本杰明·富兰克林宣称，只有“经同胞一致同意……就像《大宪章》所宣布的那样”，他们才能对同胞征税。美国的《独立宣言》《宪法》《权利法案》都体现了《大宪章》的原则。美国宪法第五修正案保证，“未经正当法律程序，不得剥夺任何人的生命、自由或财产”，这直接引用了《大宪章》中著名的第39条。美国17个州的宪法纳入了《大宪章》的条款。加拿大、澳大利亚、印度和其他曾是大英帝国殖民地的国家，它们的法律和宪法也呼应了《大宪章》。

因反对南非种族隔离制度而入狱的纳尔逊·曼德拉在1964年著名的法庭演讲中说道，《大宪章》“受到全世界民主人士的尊敬”。人权宪章是《大宪章》的现代遗产。埃莉诺·罗斯福，这位1948年《世界人权宣言》的幕后推手，希望该宣言能成为“世界各地所有人的国际大宪章”。1950年的《欧洲人权公约》也体现了《大宪章》的原则。

1215年，《大宪章》发行了数量不详的副本，并寄给了英格兰各地的官员。如今只有四本幸存下来，两本保存在伦敦的大英图书馆，一本保存在索尔兹伯里大教堂，另一本则保存在林肯大教堂。2015年，这四本《大宪章》在伦敦大英图书馆短暂重逢。这是800多年来，人们首次看到四本《大宪章》一起出现，这是对这份超越历史的文献的致敬。

# 13

# 列奥纳多·达·芬奇的笔记本

列奥纳多·达·芬奇的发明和他的绘画一样有名。他总是随手拿着一张纸来记下自己的想法。他观察研究自然、天文学、绘画、建筑、数学、人体和鸟类飞行，写下了数千页的笔记。他的笔记本被称为“抄本”，是一个关于事实、幻想和未来的宝库。

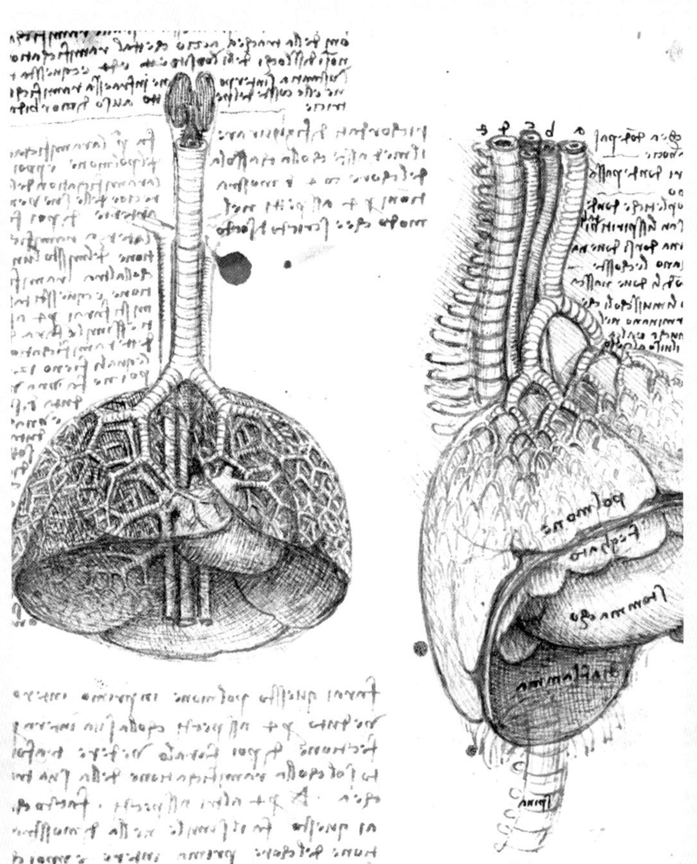

达·芬奇画的肺部图（左）。在图的右边，他标出了不同的器官：脊柱、肺、膈肌、脾、胃和肝。人们推测，他的研究对象是一头猪

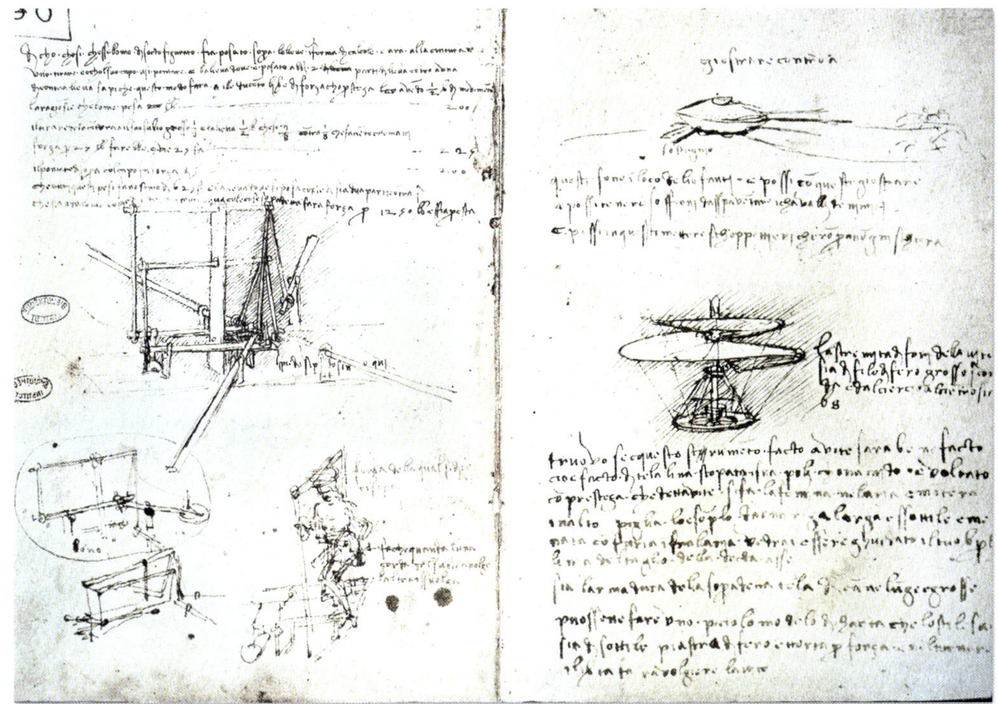

达·芬奇的许多画作都在探索飞行。该图的左边是一个由人驱动的飞行器，右边是一个螺旋桨

对我们来说，幸运的是，达·芬奇试图通过详细的书面描述来理解事物。他的笔记本或者说抄本，将艺术家的眼睛与科学家的好奇心完美地结合在一起。达·芬奇对飞行有着极大的热忱。他画了 500 幅草图，写了 3.5 万字的描述，讲述了鸟类如何滑翔、如何用翅膀和尾巴使自己平衡。他设想的飞行器是“扑翼飞机”，没有发动机，由人类飞行员控制翅膀的扇动。虽然他从未将这些设想付诸实践，而且这些设想也极不可能落地，但达·芬奇表现出了对空气的基本理解，即空气是一种流体，这使他成为空气动力学研究的先驱。大

约400年后，莱特兄弟首次成功飞行（见184页）。之后，他们对达·芬奇的远见卓识表示敬意，称他为“有史以来最伟大的艺术家和工程师之一”。

飞行只是达·芬奇广泛兴趣中的一个。他的笔记本充满了各种各样的主题，如太阳能、桥梁建设和人类嘴唇的解剖。笔记本中还有一些更平凡的条目：购物清单、关于他想借的书和欠他钱的人。

学者们认为，达·芬奇的早年生活对他产生了深远的影响，帮助他更好地展现自身的天赋。他出生于1452年，是佛罗伦萨一位公证人的私生子。达·芬奇主要是自学成才，但他的父亲注意到了他的艺术天赋，并在他15岁时把他送到画家和雕塑家安德烈·德尔·韦罗基奥那里做学徒。韦罗基奥坚持让他的学生们了解人体解剖学，所以达·芬奇成为一个画四肢、肌肉和其他身体部位的专家。后来，他在佛罗伦萨、米兰和罗马（他之后定居罗马）获准解剖人的尸体。达·芬奇的笔记本上有240多幅详细的图画和1.3万文字是关于解剖学的。他是首位将我们如今所说的动脉硬化归为衰老过程的人，并且他还发现了肝硬化这一疾病。

这位真正处于文艺复兴时期的人似乎是在15世纪80年代中期开始记录下他的观察。达·芬奇搬到了米兰，作为军事工程师为当地统治者提供服务。他采用了“镜面书写”的方法，读者需要从右到左读，这可能是因为他是左撇子。专家们认为，他将观察记录在一张张单独的纸上，之后再将这些纸叠成笔记本。他在米兰待了17年，不断记下他聪明绝伦的头脑中奔腾的思想、想法和发明。笔记本中有战争的武器——比如可以用旋转的刀片把人切成碎片的战车，有加法机，有在水上行走的鞋子，有机械风琴，有精心设计的庆典服装，有关于水

人们普遍认为，这幅画是列奥纳多的自画像，用红色粉笔画成，现被收藏在都灵皇家图书馆。但由于画作十分脆弱，因而很少展出

利工程、城市规划、建筑的笔记，不胜枚举。笔记本中也常涉及绘画。他描述了人们围桌而坐的方式。达·芬奇在1495年左右开始创作《最后的晚餐》壁画，而这也许就是为了创作壁画而进行的研究。尽管他是文艺复兴时期杰出的艺术家之一，但他对周围世界的关注意味着他经常留下未完成的画作。同时，达·芬奇也是一个完美主义者。他在1503年开始创作他的杰作《蒙娜丽莎》，并年复一年地继续创作，在这里添上一笔，在那里增加一种新的釉料。

随着年龄的增长，达·芬奇花在绘画上的时间越来越少，而把更多的精力放在了“研究”上。他似乎计划出版他的笔记，因为他对特定主题的许多观察都集中在一页纸上。但不幸的是，这位伟人于1519年去世，享年67岁，他的笔记此时还未来得及出版。达·芬奇把这些笔记留给了他忠实的追随者（也可能是情人）弗朗西斯科·梅尔齐，梅尔齐把他所有关于绘画的想法集成了一部作品——《绘画论》，但也仅做了这一件事情。直到列奥纳多去世200多年后，这些笔记本才受到公众的关注。据悉，已知有7000页的内容存于17本笔记中，约占这位文艺复兴时期的梦想家创作的五分之一。这些笔记本现在大都保存在意大利、西班牙、法国和英国的博物馆里，只有一本归比尔·盖茨所有。比尔·盖茨将其中一些页面数字化，作为他的微软操作系统中的屏幕保护程序。

2012年3月5日，美国国家航空航天局的探测器“好奇号”登陆火星。探测器上便载有一幅达·芬奇的肖像和他的《鸟类飞行手稿》的数字拷贝。

对我们来说，达·芬奇不仅仅是人类的宝藏，更是人类创造史上最伟大的英雄之一。

左页图：列奥纳多对胎儿和手臂的研究揭示了他对人体的深入理解。他被认为是首位正确绘制胚胎的人

# 14

# 《托尔德西里亚斯条约》

《托尔德西里亚斯条约》确立了西班牙和葡萄牙这两个最早的殖民国家在全球指定区域插上自己旗帜的权利。该条约是 1494 年由教皇亚历山大六世提出的，他对两国之间日益紧张的局势感到担忧，这是由于两国的探险家都进行了全球探索，向西到美洲，向南和向东到非洲、印度和其他地区。

梵蒂冈、西班牙和葡萄牙的代表就如何划分已知世界的版图进行了激烈的辩论。1494 年的条约将其大致分为两半

葡萄牙国王若昂二世（左）和教皇亚历山大六世（右），是条约制定过程中的关键人物

对于不懂西班牙语的人来说，托尔德西里亚斯镇的发音可能和它附近的省会巴利亚多利德一样难懂。巴利亚多利德位于杜罗河的上游，但“托尔德西里亚斯”这个名字的历史意义几乎超过了其他所有的城市，因为正是在这个距离西班牙与葡萄牙边境120千米的小镇上，两国确立了瓜分新世界的协定。早在英国、荷兰和法国把它们的帝国色彩涂抹在世界地图之前，这两个伊比利亚大国就已经派出探险家远赴欧洲之外，它们之间不可避免的摩擦导致了《托尔德西里亚斯条约》的签订。

葡萄牙是近代第一个海洋霸权国家。其探险队在1400年到达马德拉群岛，两年后到达亚速尔群岛。在15世纪余下的时间里，葡萄牙王室大力支持那些在非洲海岸附近插上

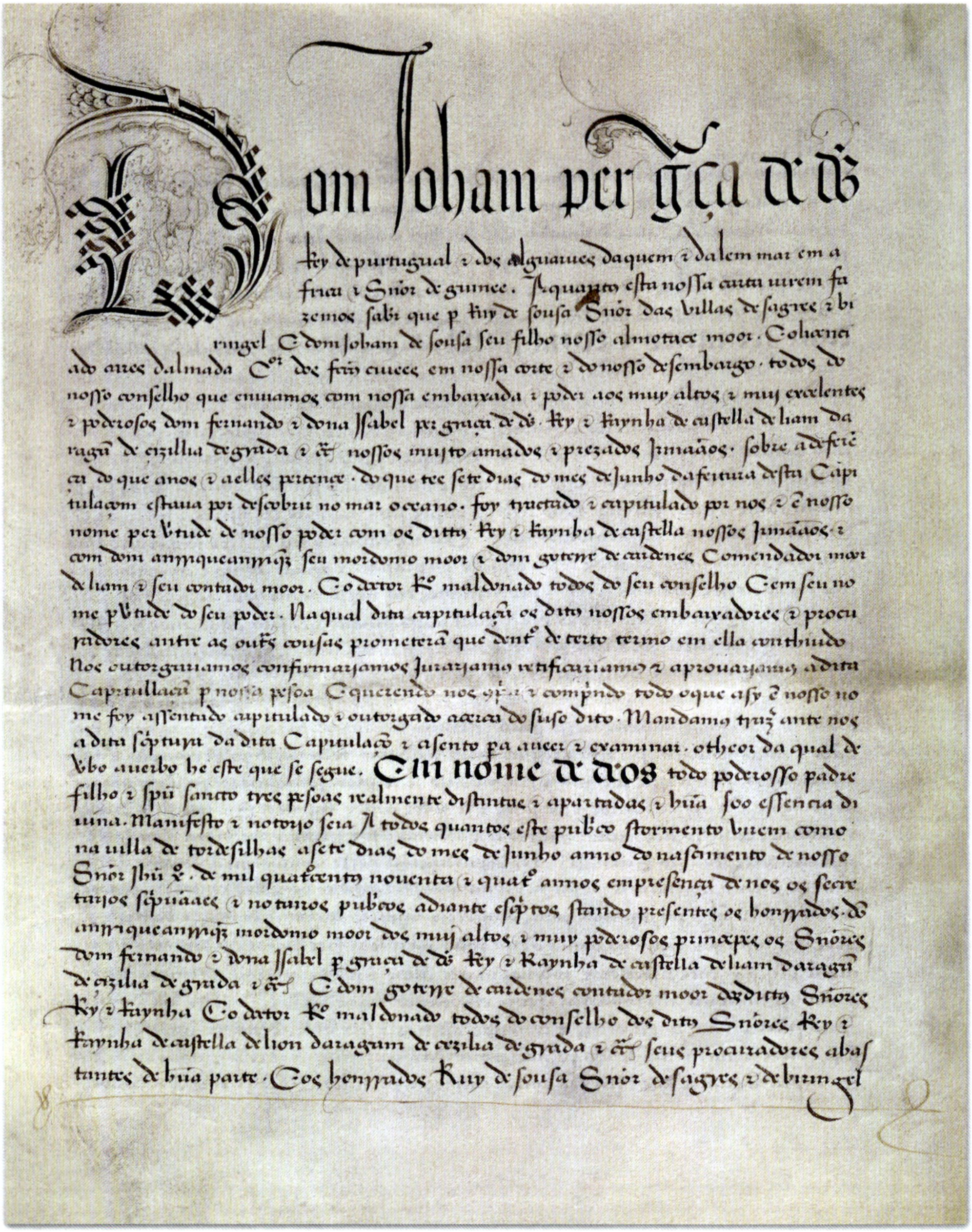

葡萄牙国王若昂二世（其名字在顶部）与其对手西班牙之间的条约文本。两国在以后的一个世纪里认真执行了这个条约，但到了 18 世纪，它们的条约被后来的帝国主义列强忽视

葡萄牙国旗的冒险家。卡拉维尔帆船是一种更安全、更能利用风力的帆船，它的发明使得水手们在 15 世纪 70 年代就可以到达佛得角群岛，并继续前往几内亚湾。到 1488 年，巴尔托洛梅乌·迪亚士绕过了好望角；1498 年，瓦斯科·达·伽马到达印度。葡萄牙人的扩张似乎没有极限。但葡萄牙的国王拒绝了克里斯托弗·哥伦布的要求，即拒绝资助他率领一支舰队向西横渡大西洋。这时，西班牙人接受了哥伦布的请求，资助了这位之后发现美洲的人。随着哥伦布 1493 年第一次航行归来，以及葡萄牙传来正在向非洲以外的地方进军的消息，欧洲两个最具冒险精神的大国之间的紧张关系迫切需要得到缓解。

第一个提出折中方案的是罗马教皇亚历山大六世。梵蒂冈在早期的国际事务中发挥了有益的作用，其宣布了一种宗教法令，即教皇诏书，以解决争端。教皇亚历山大六世在亚速尔群岛和佛得角群岛以西 100 里格[①]的大西洋上，从北到南画了一条从北极到南极的分界线。他宣布，西班牙人可以在该线以西的任何非基督教领土上定居，但他没有提到葡萄牙人。而葡萄牙国王若昂二世并非任人摆布之人，他对此很不满意。他坚持要求签订一个新的条约，以更公平地界定两个帝国之间的边界。

1494 年，双方在托尔德西里亚斯会面，谈判的结果是大西洋的分界线又向西移动了 270 里格，这让葡萄牙非常满意。双方明确同意，葡萄牙有权占领分界线以东的全部领土，西班牙有权占领分界线以西的全部领土。对葡萄牙来说，分界线划分得恰到好处，这条新线使葡萄牙囊括了巴西的大片领土，一直延伸到南大西洋。没过多久，葡萄牙海员佩德罗·卡布拉尔在前往印度的途中登陆巴西，并在那里插上了葡萄牙的国旗，显然是想向内陆扩张。

① 编者注：古老的陆地及海洋的测量单位，在海洋中 1 里格通常为 5.556 千米，在陆地上 1 里格通常为 4.827 千米。

一张当时已知世界的地图，显示了西班牙帝国和葡萄牙帝国之间商定的分界线。

但葡萄牙向巴西的扩张比这张地图上描绘的要远得多

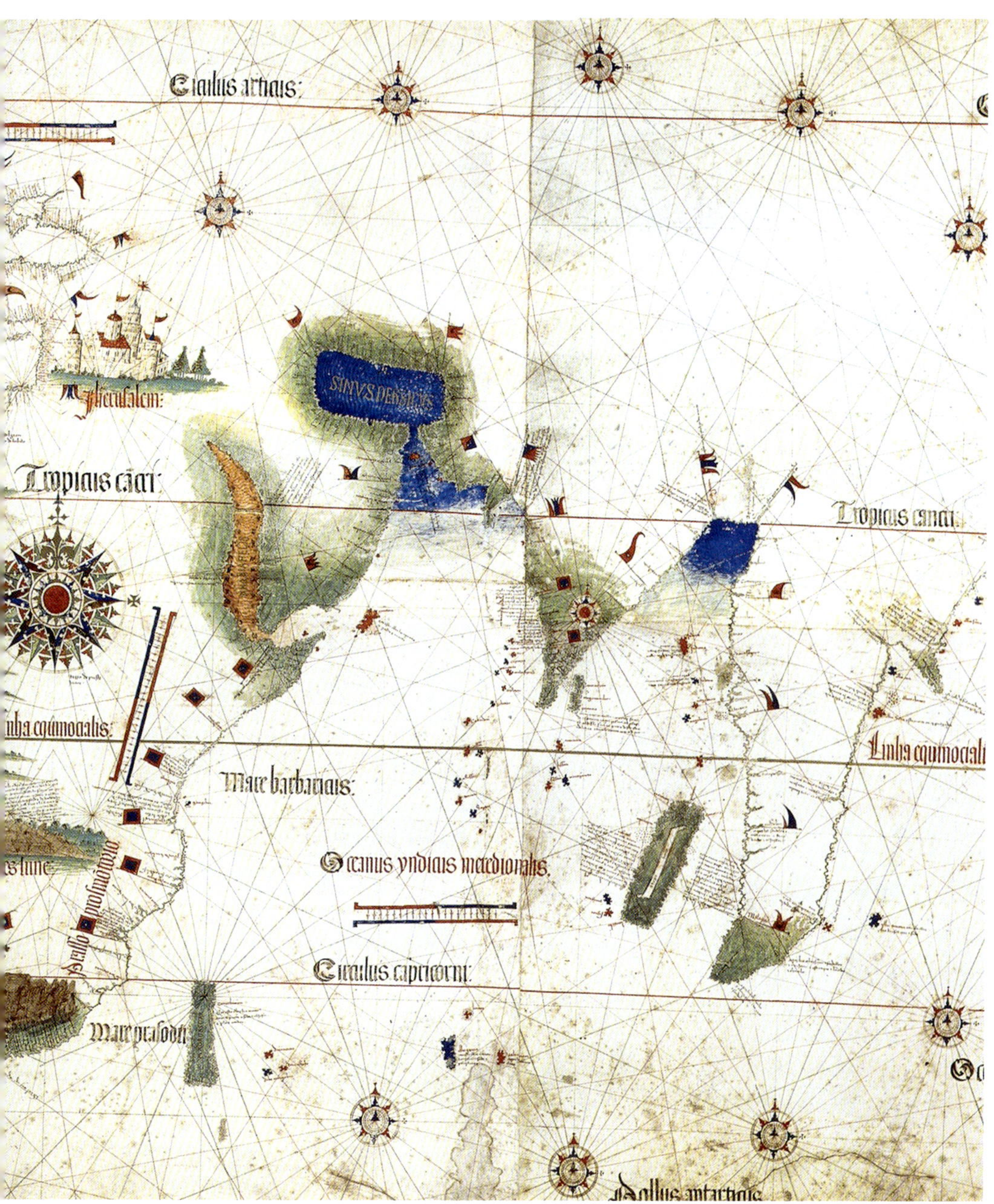
SINVS PERSICVS
Tropicus cancri
Mare barbaricus:
Oceanus yndicus meridionalis
Circulus capricorni:

《托尔德西里亚斯条约》赋予了葡萄牙向印度洋及其他地区延伸的权利,但可以延伸到多远呢?该条约没有规定葡萄牙的东部边界线。当葡萄牙水手到达现在印尼的马鲁古群岛时，这种不确定性变得更加复杂。这些“香料岛”后来因其优良的肉豆蔻树和丁香而闻名，船只可以把它们运回欧洲，并从中赚取可观的利润。葡萄牙在 1511 年首先到达那里，但不久后西班牙也到达了，于是两个国家很快就发生了冲突，因此它们必须制定一个新的条约来确定新的分界线。于是，《萨拉戈萨条约》诞生了，根据这个条约双方同意在太平洋上划定分界线，就像早先在大西洋上那样，于是双方的紧张氛围也随之缓和。葡萄牙人很快在西太平洋的马鲁古群岛、中国澳门，甚至是在西太平洋的西部、北部，如日本长崎，建立了前哨。

讽刺的是，这一庞大的帝国建设很快就被欧洲其他列强所忽视，因为它们渴望在世界各地建立殖民地。西班牙和葡萄牙先是输给了对手，后来又在独立运动中失去了立足之地。但《托尔德西里亚斯条约》是首次在全球范围内界定领土权的重大尝试。该条约的回声响彻随后的几个世纪，阿根廷宣称自己拥有马尔维纳斯群岛的主权，该条约便是支撑其主张的依据；同时，条约还是智利宣称对南极部分地区拥有主权的依据。

# 15
# 《门多萨法典》

《门多萨法典》是一部独特的历史文献。基于阿兹特克人自己的证据，《门多萨法典》是世界上最接近阿兹特克文明史的文献。由于这些墨西哥中部的早期居民不识字，他们的西班牙征服者便说服他们用图画记录自己的记忆，《门多萨法典》便是他们的成果。该法典可追溯到 16 世纪中叶，以插图的形式讲述了阿兹特克人从 1320 年至 1521 年的繁华，直到 1521 年被西班牙征服。

阿兹特克人愉快的日常生活。对于阿兹特克族，醉酒是一种特权。图中一位上层阶级的妇女正在享用“普奎”，这是一种用仙人掌制成的酒

《门多萨法典》的扉页，显示了阿兹特克人的臣民去首都特诺奇蒂特兰城进贡的情景。杆子上的骷髅头（右中）用以警示人们牢记不交纳贡品的惩罚

墨西哥的阿兹特克文明是世界历史上最迷人的里程碑之一。但遗憾的是，阿兹特克人并没有留下任何书面遗产，没有关于其历史或生活方式的记录。正因为如此，这部法典，这部 71 页的文献才如此珍贵。1521 年，西班牙人征服了阿兹特克帝国，阿兹特克帝国便覆灭了。20 年后，这部《门多萨法典》诞生了，它近乎神奇地揭示了美洲历史上那个神秘时代。《门多萨法典》之所以如此珍贵，是因为它出自阿兹特克人之手，西班牙人未到来之前，他们祖祖辈辈便生活在这里。《门多萨法典》是一部用图画讲述历史的文献。土著艺术家展示了他们的历史、治理方法和文化；西班牙神职人员根据阿兹特克人讲述的内容，加入了他们的书面评论。法典记录了一些关于特诺奇蒂特兰城以及生活在那里及周围省份的人民（他们自称“墨西哥人”）的事情。特诺奇蒂特兰城是他们的首都，亡国皇帝蒙特祖马二世此前便生活在这座城市。我们参观了建立在特诺奇蒂特兰城废墟上的墨西哥城，被考古博物馆中壮丽的阿兹特克文明展吸引。但我们无论是否参观过博物馆，都能够从《门多萨法典》中获知阿兹特克人的生活方式。

《门多萨法典》的开篇色彩绚美、辉煌壮丽，描绘了一个非凡的故事。一只鹰站在中央的仙人掌上，象征着神的指引，指引着阿兹特克人在 14 世纪初的特诺奇蒂特兰建立城市。守护神太阳神告诉阿兹特克人，去寻找一只站在仙人掌上的鹰，并把城市建立在那里。他们在德斯科科湖的一个小岛上发现了那只鹰。岛屿被水路分割成四个部分，就像扉页上那个蓝色的大“×”。西班牙入侵者称其为“西方的威尼斯”。图下方的两名阿兹特克战士代表着不断扩张的阿兹特克帝国，他们击败了对手。

该法典是根据新西班牙（今墨西哥）总督安东尼奥·德·门多萨

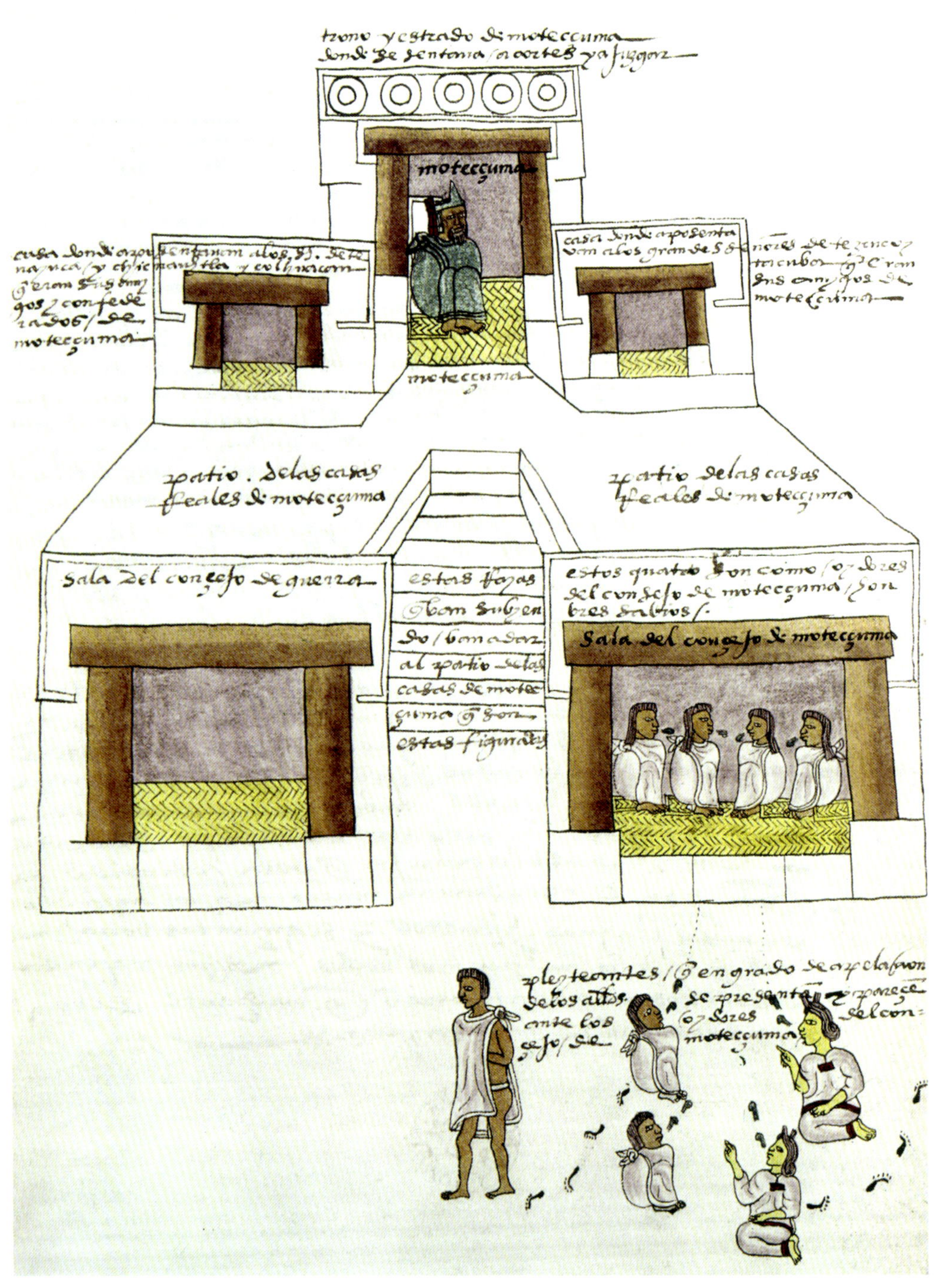


阿兹特克统治者的宫殿平面图。蒙特祖马一世本人坐在顶层的王座上

的命令撰写的。安东尼奥·德·门多萨当时刚刚占领墨西哥，并于1535年接任总督一职。就在14年前，埃尔南·科尔特斯便率领小规模西班牙军队入侵了阿兹特克帝国，推翻了蒙特祖马二世的统治。门多萨想记录下前西班牙时代墨西哥的故事，并将其送给西班牙国王查理五世。然而，在返回西班牙的途中，法典被海盗抢走，卖到了法国，然后被一个名叫理查德·哈克卢特的英国人在巴黎买走。他把这本法典带回了英国，最后收藏在牛津大学的伯德利图书馆并保存至今。

该法典讲述了阿兹特克国王无情地镇压周边城市，并强迫其向特诺奇蒂特兰城进贡来建立帝国的故事。从14世纪20年代到1521年，他们只用了短短两个世纪便建立了特诺奇蒂特兰城。法典告诉我们，蒙特祖马一世是最伟大的阿兹特克国王之一，于1440年至1469年在位。他带领这座城市

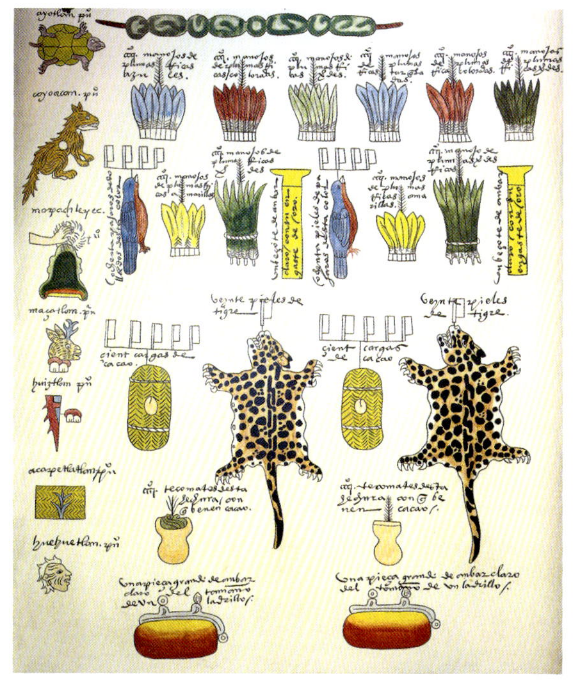

上图：阿兹特克政权统治下的臣民进献的贡品展示。羽毛和美洲虎皮是常见的贡品

下图：埃尔南·科尔特斯，墨西哥的西班牙征服者。阿兹特克统治者送给了他一份礼物，但这并没有得到回报。几个月后，蒙特祖马二世便逝世了，墨西哥成了西班牙人的领地

走向繁荣，盛世一直持续到西班牙人入侵。巧合的是，14 世纪和 15 世纪是阿兹特克在墨西哥统治的繁荣时期，也是印加帝国在秘鲁、厄瓜多尔和智利统治的繁荣时期。并且，印加帝国也在 16 世纪初被西班牙征服者摧毁。

对我们来说，这本图画手稿中最有趣的内容便是那些呈现阿兹特克文化和日常生活的图画。例如，有些插图描绘了华丽的服饰。在阿兹特克社会中，人们穿着华丽的服饰来表示自己的等级。根据《门多萨法典》，我们了解到，不听话的孩子要被剃光头；女性通常在 15 岁就结婚，如果对丈夫不忠，就要面临严厉的惩罚。活人祭祀在阿兹特克文化中很是常见，在法典的第一页中，中间右边的骷髅架就象征着活人祭祀。对这一可怕传统最具揭露性的详细记载是在另一份文献中，描述了在首都一座寺庙的开光仪式上有几个人牺牲。在民众的注视下，国王亲自“将刀刺进受害者的胸部，并将其撕开”。据专家估计，每一位国王都会用这种方式杀死数千人。

诚然，阿兹特克人有一些可怕的传统，但我们需要牢记的是，西班牙征服者在墨西哥和秘鲁时进行了残暴的侵略，正是这些残暴的行为导致了古老帝国的终结。

# 16

# 哥白尼的《天球运行论》[①]

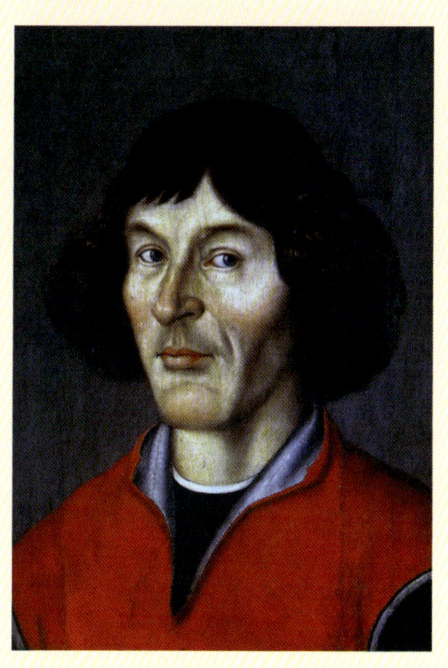

具有里程碑意义的科学论文《天球运行论》改变了人类看待世界的方式。人们普遍认为地球是宇宙的中心，太阳、行星和月亮都围绕着地球旋转。而尼古拉·哥白尼对这一观点提出了挑战。他在1543年揭示了地球绕着太阳转这一事实，这一巨大突破使他成为科学革命的先驱。

上图：德国为纪念尼古拉·哥白尼500周年诞辰而发行的邮票。哥白尼是波兰公民，但被认为有德国血统

左图：哥白尼的自画像。请注意观察他的断鼻和左眼上方的轻微疤痕。2005年，考古学家根据这些特征鉴定出了他的头骨

① 编者注：现多译为《天体运行论》。

1543 年 5 月 24 日，哥白尼在垂危之际收到了他的著作《天球运行论》刚刚问世的印刷本。一位朋友冲到他的床边，手里紧紧攥着那本新出版的作品。哥白尼睁开眼睛，看了一眼他的书，便安详地离开了人世。至少，这是一个凄美也可以说是浪漫的故事。这个聪明而谦逊的人一生致力于证明：行星和谐地围绕太阳旋转。

哥白尼于 1473 年出生在波兰。他在波兰和意大利的大学里学习了天文学、占星术、数学、医学和法律，之后回到波兰为他的叔叔（天主教会主教）担任秘书。白天，他为教会名下的土地收取租金、监督分会的财务事项，并兼任教会的医生。晚上，他凝视星空。由于当时还没有望远镜，所以哥白尼就用肉眼进行观测。

当时人们普遍认为，宇宙以地球为中心，地球静止在其中心，由太阳、月球和行星以统一的方式环绕。公元前 4 世纪，希腊哲学家亚里士多德提出了这一理论；400 年后，另一位希腊人托勒密进一步阐述了这一理论。这个理论有一个明显的问题，即有时行星似乎在天空中逆行，天文学家称之为逆行运动。到了 1514 年，哥白尼写出了一本著作《短论》，以手稿的形式问世。在这本书中，他提出了一种理论，即逆行运动是由于地球在太空中运动而引起的；他还提出，日出、日落时间和季节的变化是由于地球绕太阳公转而引起的。此前也有少数人提出日心说，但哥白尼的突出之处在于，他还举出了一系列令人印象深刻的事实和数字来支持他的主张。

朋友们敦促哥白尼发表他的探索成果，但他拒绝了，表示还想收集更多的数据，以便写成一本更为详尽的书。人们认为，他之所以不急于出版著作，也是因为担心会惹恼教会。当时的教会坚信，上帝以地球为中心创造了宇宙。

右页图：古老的《天球运行论》文献。哥白尼在这篇论文中打破了公认的地心说观点

# NICOLAI COPERNICI TORINENSIS DE REVOLUTIONIBUS orbium cœlestium, Libri VI.

IN QUIBUS STELLARUM ET FIXARUM ET ERRATICARUM MOTUS, EX VETERIBUS atq; recentibus obseruationibus, restituit hic autor. Præterea tabulas expeditas luculentasq; addidit, ex quibus eosdem motus ad quoduis tempus Mathematum studiosus facillime calculare poterit.

ITEM, DE LIBRIS REVOLUTIONUM NICOLAI Copernici Narratio prima, per M. Georgium Ioachimum Rheticum ad D. Ioan. Schonerum scripta.

Cum Gratia & Priuilegio Cæs. Maiest.

BASILEAE, EX OFFICINA HENRICPETRINA.

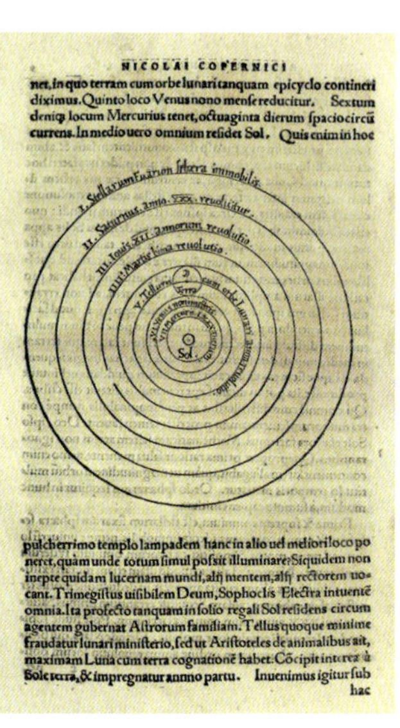

NICOLAI COPERNICI

net, in quo terram cum orbe lunari tanquam epicyclo contineri diximus. Quinto loco Venus nono mense reducitur. Sextum deniq; locum Mercurius tenet, octuaginta dierum spacio circũ currens. In medio uero omnium residet Sol. Quis enim in hoc



pulcherrimo templo lampadem hanc in alio uel meliori loco poneret, quàm unde totum simul possit illuminare? Siquidem non inepte quidam lucernam mundi, alij mentem, alij rectorem uocant. Trimegistus uisibilem Deum, Sophoclis Electra intuentẽ omnia. Ita profecto tanquam in solio regali Sol residens circum agentem gubernat Astrorum familiam. Tellus quoque minime fraudatur lunari ministerio, sed ut Aristoteles de animalibus ait, maximam Luna cum terra cognationẽ habet. Cõcipit interea à Sole terra, & impregnatur annno partu. Inuenimus igitur sub hac

左图：这块黑色花岗岩墓碑矗立在哥白尼的墓旁。它展示了哥白尼的太阳系模型——一个金色的太阳被六颗行星环绕

右图：哥白尼绘制的著名图画。画中，水星、金星、地球和月亮、木星、土星围绕静止的太阳旋转

在接下来的30年里，哥白尼依旧没有出版他的作品，但他作为一位杰出的天文学家已经声名远扬。他应邀前往意大利比萨，参加关于教会新历法的讨论，以取代朱利安历。朱利安历可以追溯到尤利乌斯·恺撒时期。经过这么多年，朱利安历已经不能与太阳的位置对应了。哥白尼还发展了关于货币价值和使用的经济理论，这些理论在今天仍然有着重要的意义。然而，天文学仍然是他的最爱，他毫不懈怠

这幅壮丽的哥白尼体系星图由荷兰裔德国制图家安德烈亚斯·塞勒留斯绘制

地研究，创造了新方法，用以排列行星以及计算行星与太阳之间的相对距离。

他的主要著作《天球运行论》在 1532 年左右完成。但哥白尼再次拒绝将其发表，因为他担心理论的“新奇性和不可理解性”会招致嘲笑。直到生命的最后一年，哥白尼才公开发表了 400 页的手稿，阐述了其太阳系模型和行星的运行轨迹。

这份重要文件辗转传到了教皇保罗二世的手里。1616 年，也就是哥白尼去世整整 73 年后，教会禁止了这本书。1633 年，在《天球运行论》出版 90 年后，教会以“追随哥白尼的立场，违背《圣经》的真正意义和权威”的罪名，判定意大利天文学家伽利略·伽利莱为异端。

哥白尼为约翰内斯·开普勒（1571—1630）和艾萨克·牛顿（1643—1727）等科学家的进一步研究奠定了基础，引导人们对宇宙和科学本质产生新的认识。哥白尼被安葬在波兰弗龙堡的一座大教堂里，他曾在那里担任教士。坟墓的具体位置不详。多年来，人们经过多次搜索都没有找到它。2005 年，考古学家发现了哥白尼的遗体，并得到了证实。骨架上的 DNA 与哥白尼收藏的一本书中的头发样本相匹配。2010 年 5 月 22 日，人们为这位著名的观星者举行了第二次葬礼。黑色花岗岩墓碑上刻着他的太阳系模型：一个金色的太阳被六颗行星环绕。

# 17

# 莎士比亚的《第一对开本》

如果没有威廉·莎士比亚，任何珍贵的文献都不复完整，他被公认为是最伟大的英语作家。《第一对开本》由莎士比亚的两位演员同事约翰·海明斯和亨利·康德尔整理而成，收录了他 18 部尚未出版的剧本。如果没有这份手稿，莎士比亚一些最著名的杰作便可能会永远消失。因此，《第一对开本》是世界上最有价值的印刷书籍之一，这一说法也就不足为奇了。

这本书出自世界上最大的对开本丛书。美国石油大亨亨利·克莱·福尔杰和他的妻子艾米丽于 1889 年开始收集这些对开本

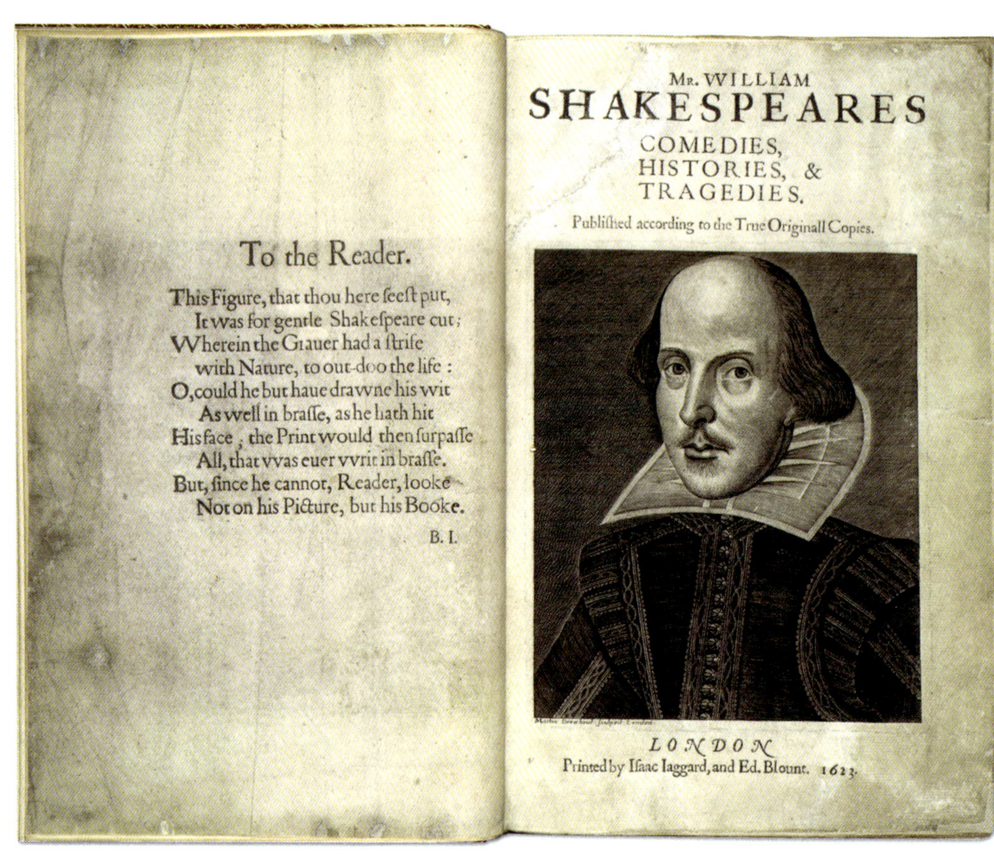

To the Reader.

This Figure, that thou here ſeeſt put,
It was for gentle Shakeſpeare cut;
Wherein the Grauer had a ſtrife
with Nature, to out-doo the life:
O, could he but haue drawne his wit
As well in braſſe, as he hath hit
His face; the Print would then ſurpaſſe
All, that vvas euer vvrit in braſſe.
But, ſince he cannot, Reader, looke
Not on his Picture, but his Booke.

B. I.

MR. WILLIAM
SHAKESPEARES
COMEDIES,
HISTORIES, &
TRAGEDIES.

Publiſhed according to the True Originall Copies.

LONDON
Printed by Iſaac Iaggard, and Ed. Blount. 1623.

只有四本对开本的莎士比亚肖像保存完好，这本是其中之一。后来的副本显示，在印刷过程中，莎士比亚的外貌有了微小的变化我们难以想象一个没有《恺撒大帝》《麦克白》《皆大欢喜》或《第十二夜》的世界。没有约翰·海明斯和亨利·康德尔的献身精神和远见卓识，那么上述莎士比亚的作品和其他许多作品可能都不会流传下来。这两个人挽救了至少一半的莎士比亚戏剧，使其不至于消失得无影无踪。两人曾在莎士比亚的剧团（位于伦敦环球剧院）里演出，后来他们决心让后人也能欣赏到莎士比亚的伟大作品。1616 年，莎士比亚去世后，他们便开始收集他的所有剧本，并将其印刷成书，以纪念莎士比亚。这本书便是《威廉·莎士比亚先生的喜剧、历史剧和悲剧》，也就是人们熟知的《第一对开本》。毫无疑问，它是英语世界中最重要的文献之一。

在莎士比亚的时代，剧作家首先要写出一份手写稿，称为“浊稿”。然后，剧作家或助手将其誊写成一份更清晰的“清稿”，并在台词本上为登台表演添加注释。虽然莎士比亚的原始手稿都没有留存下来，但他的 36 部戏剧中有 18 部被印成了四开本。四开本的大小与现代平装书差不多，是由全张纸对折再对折而成。忠实于莎士比亚原作的四开本被称为“好”四开本，但也有“坏”四开本。“坏”四开本可能是根据剧本的草稿或基于演员的回忆复制出来的。伊丽莎白时代戏剧团体之间的竞争非常激烈，所以好剧本经常被盗印。

海明斯和康德尔用“好”四开本组合出了《第一对开本》。他们还找来了尚存的“浊稿”“清稿”以及台词本——制作团队的“圣经”。莎士比亚尚有 18 部未出版的剧本，而这些资料对于抄录这些剧本尤为重要。由于两人都曾与莎士比亚一起演过戏，因此他们可能也会请莎士比亚剧团的成员、与他合作的演员和作家分享他们对个别剧本的记忆。

TO THE MOST NOBLE
AND
INCOMPARABLE PAIRE
OF BRETHREN.

WILLIAM
Earle of Pembroke, &c. Lord Chamberlaine to the
*Kings most Excellent Maiesty.*

AND

PHILIP
Earle of Montgomery, &c. Gentleman of his Maiesties
Bed-Chamber. Both Knights of the most Noble Order
of the Garter, and our singular good
LORDS.

Right Honourable,

*Whilst we studie to be thankful in our particular, for the many fauors we haue received from your L.L. we are falne vpon the ill fortune, to mingle two the most diuerse things that can bee, feare, and rashnesse; rashnesse in the enterprize, and feare of the successe. For, when we valew the places your H.H. sustaine, we cannot but know their dignity greater, then to descend to the reading of these trifles: and, while we name them trifles, we haue depriu'd our selues of the defence of our Dedication. But since your L.L. haue beene pleas'd to thinke these trifles some-thing, heeretofore; and haue prosequuted both them, and their Authour liuing, with so much fauour: we hope, that (they out-liuing him, and he not hauing the fate, common with some, to be exequutor to his owne writings) you will vse the like indulgence toward them, you haue done*

A2 unto

*To the great Variety of Readers.*

From the most able, to him that can but spell: There you are number'd. We had rather you were weighd. Especially, when the fate of all Bookes depends vpon your capacities: and not of your heads alone, but of your purses. Well! It is now publique, & you wil stand for your priuiledges wee know: to read, and censure. Do so, but buy it first. That doth best commend a Booke, the Stationer saies. Then, how odde soeuer your braines be, or your wisedomes, make your licence the same, and spare not. Iudge your sixe-pen'orth, your shillings worth, your fiue shillings worth at a time, or higher, so you rise to the iust rates, and welcome. But, what euer you do, Buy. Censure will not driue a Trade, or make the Iacke go. And though you be a Magistrate of wit, and sit on the Stage at *Black-Friers*, or the *Cock-pit*, to arraigne Playes dailie, know, these Playes haue had their triall alreadie, and stood out all Appeales; and do now come forth quitted rather by a Decree of Court, then any purchas'd Letters of commendation.

It had bene a thing, we confesse, worthie to haue bene wished, that the Author himselfe had liu'd to haue set forth, and ouerseen his owne writings; But since it hath bin ordain'd otherwise, and he by death departed from that right, we pray you do not envie his Friends, the office of their care, and paine, to haue collected & publish'd them; and so to haue publish'd them, as where (before) you were abus'd with diuerse stolne, and surreptitious copies, maimed, and deformed by the frauds and stealthes of iniurious impostors, that expos'd them: euen those, are now offer'd to your view cur'd, and perfect of their limbes; and all the rest, absolute in their numbers, as he conceiued thē. Who, as he was a happie imitator of Nature, was a most gentle expresser of it. His mind and hand went together: And what he thought, he vttered with that easinesse, that wee haue scarse receiued from him a blot in his papers. But it is not our prouince, who onely gather his works, and giue them you, to praise him. It is yours that reade him. And there we hope, to your diuers capacities, you will finde enough, both to draw, and hold you: for his wit can no more lie hid, then it could be lost. Reade him, therefore; and againe, and againe: And if then you doe not like him, surely you are in some manifest danger, not to vnderstand him. And so we leaue you to other of his Friends, whom if you need, can bee your guides: if you neede them not, you can leade your selues, and others. And such Readers we wish him.

A3

*John Heminge.*
*Henrie Condell.*

《第一对开本》的序言首先对两位贵族兄弟表示感谢，他们是莎士比亚的赞助人，接着面向“广大读者”发表了轻松的致辞

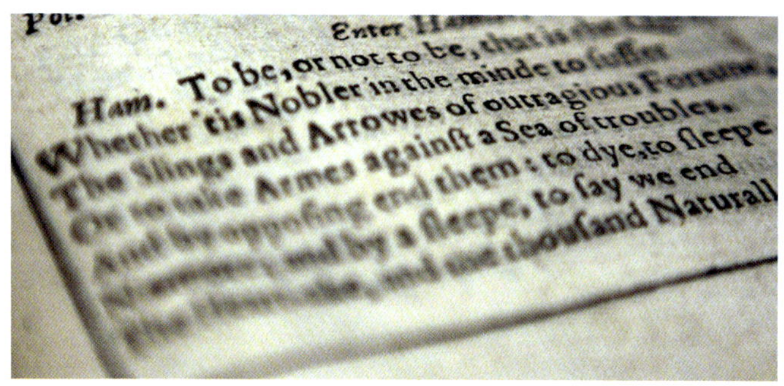


《第一对开本》中哈姆雷特独白的第一行，是英语中被引用最多的句子之一

1997 年重建的莎士比亚环球剧院，位于 1613 年被烧毁的原建筑附近

资料收集完成后，海明斯和康德尔将戏剧分为喜剧、悲剧和历史剧，这一决定有助于我们理解莎士比亚的作品。他们还委托佛兰芒雕刻师马丁·德鲁绍特为书籍的扉页绘制莎士比亚的肖像。由于德鲁绍特从未见过莎士比亚，这幅画像很可能依照了一幅莎士比亚早先的肖像，但该肖像现已丢失。作家本·琼森称这幅画像与莎士比亚本人很像，如今，莎士比亚标志性的圆顶头已为全世界所熟知。

这些剧本以对开的形式出版，这反映了人们对莎士比亚的高度尊重，因为对开本通常用于《圣经》等重要书籍的印刷。印刷是一项浩大的工程，威廉·贾加德和艾萨克·贾加德父子团队花了近两年时间才完成这项任务。每本对开本都有 900 多页，虽然大部分作品在印刷前都经过了编辑，但大约 15% 的文字在排版时有被修改的痕迹，这就导致了《第一对开本》各个副本之间存在着差异。此外，书籍还有一些印刷错误，如剧本《特洛伊罗斯与克瑞西达》被收录在书中，却没有列入目录页。撇开这些错误不谈，海明斯和康德尔对他们的杰作感到非常满意。在序言中，他们谴责了“那些因欺诈和……冒名顶替而残缺不全的赝品”，并承诺他们“治愈了书中的莎士比亚戏剧……在数量上完全符合莎士比亚创作出的戏剧数量”。

我们没有关于印刷的记录，但估计《第一对开本》印刷了 750 到 1000 本，如今仅存 235 本。华盛顿特区的福尔杰莎士比亚图书馆拥有最多的《第一对开本》，共收藏了 82 本。此外，东京的明星大学收藏了 12 本。世界多地的博物馆和图书馆都收藏着《第一对开本》的复印件。原版的《第一对开本》还在不断被发现。2014 年，法国圣奥梅尔的一位图书馆员在一堆英文书中发现了一本《第一对开本》。2016 年，另一本在苏格兰富丽堂皇的斯图尔特山庄中被发现。

1623 年《第一对开本》出版时，它的售价为 1 英镑，相当于今天的 180 英镑。2006 年，公开拍卖会上曾售出一本，其拍出了近 500 万美元（380 万英镑）的价格。

莎士比亚的同时代人本・琼森在该书的序言中写道：“他不是一个时代的人，而是所有时代的人。”我们要感谢《第一对开本》。

# 18
# 《威斯特伐利亚和约》

《威斯特伐利亚和约》是欧洲历史上一个重要的里程碑。欧洲大陆中心的 100 多个邦国不堪数十年的野蛮冲突，于 1648 年签署了这一系列条约。但欧洲很快又被其他战争吞噬，不过，《威斯特伐利亚和约》确立了和平共处和尊重国家主权的模式，自此以后这一模式一直是国际外交的核心。

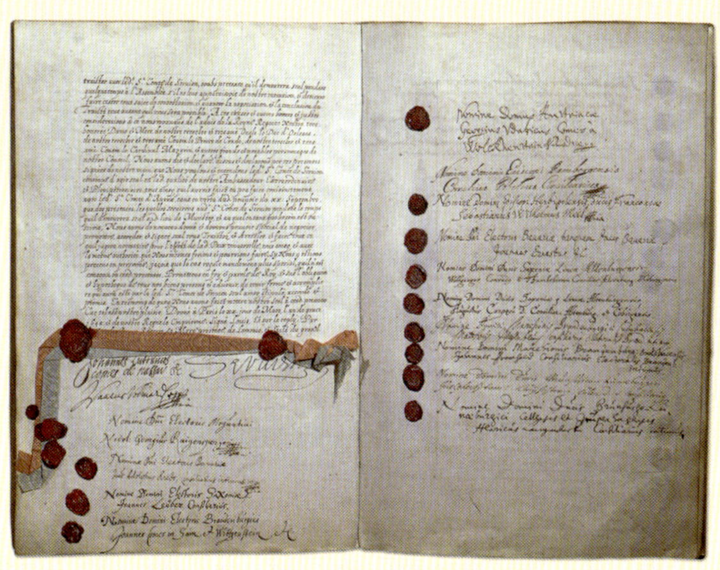

《威斯特伐利亚和约》的文本。1648 年 10 月 24 日，中欧众多大大小小的邦国签署了该条约，是国际外交史上的一个关键时刻

德国奥斯纳布吕克市政厅的门把手，用以纪念 1648 年的《威斯特伐利亚和约》（译者注："FRIEDE"为德语，意为"和平"）

三十年战争是历史上破坏规模最大的冲突之一。这场战争发生在 1618 年至 1648 年间，在由数百个大大小小的邦国组成的神圣罗马帝国内部爆发，法国和瑞典等外部势力也参与其中。这片广袤的土地从波罗的海延伸到意大利北部，再到今天的罗马尼亚。30 年的苦战和破坏造成了约三分之一人口的死亡。众多德意志小国，如不伦瑞克公国、梅克伦堡公国，在战争、疾病和饥荒中饱受摧残。仅举一例，德国北部的马格德堡在侵略军的火力打击下损失了 80% 的人口。天主教徒和新教徒之间的宗教分歧，以及外国势力的粗暴干预，加剧了国家之间长达 30 年的野蛮争斗，常年的战争让各方都开始呼吁和平。与其说是战争让它们疲惫不堪，不如说是他们认识到继续斗争在战略上是徒劳的，于是各方签订了《威斯特伐利亚和约》。

神圣罗马帝国名义上由哈布斯堡王朝的斐迪南二世统治。斐迪南二世是天主教的狂热信徒。面对支离破碎的国家，他决心要加强皇权，但神圣罗马帝国的许多邦国在 100 年前的宗教改革之后都改为信奉新教。战争于 1618 年在波希米亚爆发，那里的新教徒愚蠢地将斐迪南的两个天主教摄政王扔出了布拉格市政厅的窗外。尽管这两人幸存了古斯塔夫·阿道夫（古斯塔夫二世）在 1611 年至 1632 年统治瑞典。作为一名勇敢的军事指挥官，他使瑞典成为欧洲的主要强国

下来——据说他们掉进了粪堆里，但斐迪南无法忍受这种侮辱。之后，波希米亚人更进一步，拒绝斐迪南成为他们的皇帝。这时，斐迪南便进军波希米亚，并在 1620 年的白山战役中击败了以新教徒为主的军队。

在接下来的几年里，胆大妄为的斐迪南面对摇摇欲坠的帝国，对各诸侯领地施加了更多的军事压力。在这一时期，越来越多的外来者挤进神圣罗马帝国寻找战利品。首先来的是丹麦人，然后是瑞典人、法国人和西班牙人。最后，荷兰人将这场战争视为巩固独立的机会。勇猛的瑞典国王古斯塔夫·阿道夫领导着瑞典人战斗，他们在当时是最强战力。古斯塔夫被视为欧洲新教的救星。1631 年，他在布莱登菲尔德战役中击溃了帝国军队。但古斯塔夫并非常胜将军，一年后，他在吕岑战役中阵亡。没过多久，由红衣主教黎塞留统治的法国也加

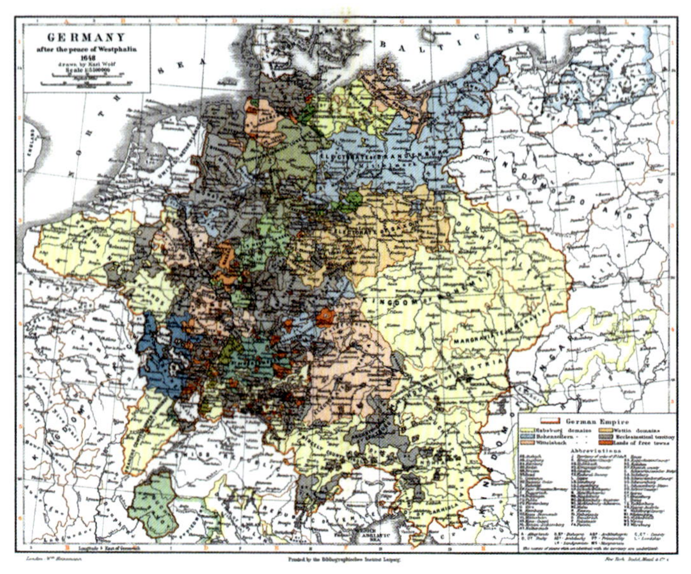


《威斯特伐利亚和约》签订时的神圣罗马帝国的邦国。和约规定了它与邻国和平共处的权利。大多数邦国在 19 世纪成为德国的一部分

入了战局，虚张声势的军队指挥官昂吉安公爵占领了与法国接壤的领土。西班牙人支持帝国皇帝，于是法国人很快便向西班牙人发起了进攻。激烈的战斗一直持续到 1640 年，生灵涂炭。到 1648 年，各方特别是位于维也纳的皇帝政权，都认为通过战斗已无法取得任何进展。

和平谈判在威斯特伐利亚的明斯特及其附近的奥斯纳布吕克举行。神圣罗马帝国虽四分五裂，但气息尚存，仍然统治着 100 多个邦国。这些国家的代表与卷入冲突的其他国家代表一起参与了谈判。谈判达成了和平共识，此举大大解决了多数中欧国家的边界问题。《威斯特伐利亚和约》将波罗的海沿岸的德国北部领土授予瑞典；将阿尔萨斯的部分地区以及梅斯、凡尔登等城镇授予法国；承认瑞士和荷兰独立。和约在公认的边界内确立了专属的国家主权，正是这一举措让这次和平维持甚久，和约也为未来解决问题提供了方案。《威斯特伐

利亚和约》建立了一种新的国际制度，承认所有国家不受干涉地处理本国内政的主权，其结果是大大削弱了衰弱的神圣罗马帝国的权威，影响了帝国在基督教世界的主导地位。不出所料，罗马教皇英诺森十世是唯一公开谴责新和平的世界领袖，称和约“无效、不公正、可恶……并且永远毫无意义”。

不知为何，神圣罗马帝国岌岌可危，但也气数未尽。18 世纪中期，面对普鲁士国王腓特烈大帝的掠夺，位于维也纳的奥地利皇帝也保持着对大批公国的控制。直到一个世纪后，天才俾斯麦的出现才使得所有的德意志小国统一为一个德国。

上图：《威斯特伐利亚和约》有一个重要前身，即合约签订的四个月前，荷兰人（左）和西班牙人（右）在明斯特签署的和平条约

# 革命时期

1776年至1893年

# 19

# 《独立宣言》

北美 13 个英属殖民地发表的《独立宣言》宣告美国人民开始了摆脱英国统治的斗争。该宣言于1776 年7 月4 日宣布；1783 年，《巴黎条约》最终承认了美国这个新国家。美国的革命极大地鼓舞了世界其他地区为自由而斗争。

本杰明·富兰克林，起草《独立宣言》的五人之一。当约翰·汉基告诉他和其他革命者“我们必须共同上战场”时，富兰克林回答说：“我们的确必须共同上战场，否则就得分别上刑场。”

约翰·亚当斯，《独立宣言》的另一位起草人，后来成为美国第二任总统

美国《独立宣言》由美国国会主席约翰·汉考克率领的 56 人签署。其中，他的签名最大

IN CONGRESS, JULY 4, 1776.

he unanimous Declaration of the thirteen united States of America,

When in the Course of human events, it becomes necessary for one people to dissolve the political bands which have connected them with another, and to
among the powers of the earth, the separate and equal station to which the Laws of Nature and of Nature's God entitle them, a decent respect to the opinions of mankind requires that they
d declare the causes which impel them to the separation. —— We hold these truths to be self-evident, that all men are created equal, that they are endowed by their Creator
certain unalienable Rights, that among these are Life, Liberty and the pursuit of Happiness. — That to secure these rights, Governments are instituted among Men, deriving their just
from the consent of the governed, — That whenever any Form of Government becomes destructive of these ends, it is the Right of the People to alter or to abolish it, and to institute new
nment, laying its foundation on such principles and organizing its powers in such form, as to them shall seem most likely to effect their Safety and Happiness. Prudence, indeed,
dictate that Governments long established should not be changed for light and transient causes; and accordingly all experience hath shewn, that mankind are more disposed to suffer, while
are sufferable, than to right themselves by abolishing the forms to which they are accustomed. But when a long train of abuses and usurpations, pursuing invariably the same Object
s a design to reduce them under absolute Despotism, it is their right, it is their duty, to throw off such Government, and to provide new Guards for their future security. — Such has
he patient sufferance of these Colonies; and such is now the necessity which constrains them to alter their former Systems of Government. The history of the present King of Great
in is a history of repeated injuries and usurpations, all having in direct object the establishment of an absolute Tyranny over these States. To prove this, let Facts be submitted to a candi
d. —— He has refused his Assent to Laws, the most wholesome and necessary for the public good. —— He has forbidden his Governors to pass Laws of immediate
ressing importance, unless suspended in their operation till his Assent should be obtained; and when so suspended, he has utterly neglected to attend to them. —— He has refused to
ther Laws for the accommodation of large districts of people, unless those people would relinquish the right of Representation in the Legislature, a right inestimable to them and formidable
ants only. —— He has called together legislative bodies at places unusual, uncomfortable, and distant from the depository of their Public Records, for the sole purpose of fatiguing them into
liance with his measures. —— He has dissolved Representative Houses repeatedly, for opposing with manly firmness his invasions on the rights of the people. —— He has refused for
time, after such dissolutions, to cause others to be elected; whereby the Legislative powers, incapable of Annihilation, have returned to the People at large for their exercise; the State remain
in the mean time exposed to all the dangers of invasion from without, and convulsions within. —— He has endeavoured to prevent the population of these States; for that purpose obstruc
the Laws for Naturalization of Foreigners; refusing to pass others to encourage their migrations hither, and raising the conditions of new Appropriations of Lands. —— He has obstructed the
inistration of Justice, by refusing his Assent to Laws for establishing Judiciary powers. —— He has made Judges dependent on his Will alone, for the tenure of their offices, and the amount
payment of their salaries. —— He has erected a multitude of New Offices, and sent hither swarms of Officers to harass our people, and eat out their substance. —— He has kept among
times of peace, Standing Armies without the Consent of our legislatures. —— He has affected to render the Military independent of and superior to the Civil power. —— He has combined
thers to subject us to a jurisdiction foreign to our constitution, and unacknowledged by our laws; giving his Assent to their Acts of pretended Legislation: — For Quartering large bodies of
d troops among us: — For protecting them, by a mock Trial, from punishment for any Murders which they should commit on the Inhabitants of these States: — For cutting off
rade with all parts of the world: — For imposing Taxes on us without our Consent: — For depriving us in many cases, of the benefits of Trial by Jury: — For transporting us beyond
to be tried for pretended offences — For abolishing the free System of English Laws in a neighbouring Province, establishing therein an Arbitrary government, and enlarging its Boundaries
to render it at once an example and fit instrument for introducing the same absolute rule into these Colonies: — For taking away our Charters, abolishing our most valuable Laws, and
g fundamentally the Forms of our Governments: — For suspending our own Legislatures, and declaring themselves invested with power to legislate for us in all cases whatsoever. —
has abdicated Government here, by declaring us out of his Protection and waging War against us. —— He has plundered our seas, ravaged our Coasts, burnt our towns, and destroyed the lives
people. —— He is at this time transporting large Armies of foreign Mercenaries to compleat the works of death, desolation and tyranny, already begun with circumstances of Cruelty & perfidy
paralleled in the most barbarous ages, and totally unworthy the Head of a civilized nation. —— He has constrained our fellow Citizens taken Captive on the high Seas to bear Arms against
ountry, to become the executioners of their friends and Brethren, or to fall themselves by their Hands. —— He has excited domestic insurrections amongst us, and has endeavoured to bring on the
itants of our frontiers, the merciless Indian Savages, whose known rule of warfare, is an undistinguished destruction of all ages, sexes and conditions. In every stage of these Oppressions We
Petitioned for Redress in the most humble terms: Our repeated Petitions have been answered by repeated injury. A Prince, whose character is thus marked by every act which may define a Tyrant,
it to be the ruler of a free people. Nor have We been wanting in attentions to our Brittish brethren. We have warned them from time to time of attempts by their legislature to extend an unwarrant
isdiction over us. We have reminded them of the circumstances of our emigration and settlement here. We have appealed to their native justice and magnanimity, and we have conjured them
ties of our common kindred to disavow these usurpations, which, would inevitably interrupt our connections and correspondence. They too have been deaf to the voice of justice and of
quinity. We must, therefore, acquiesce in the necessity, which denounces our Separation, and hold them, as we hold the rest of mankind, Enemies in War, in Peace Friends. —
We, therefore, the Representatives of the united States of America, in General Congress, Assembled, appealing to the Supreme Judge of the world for the rectitude of our in
s, do, in the Name, and by Authority of the good People of these Colonies, solemnly publish and declare, That these United Colonies are, and of Right ought to be Free and Independent
s; that they are Absolved from all Allegiance to the British Crown, and that all political connection between them and the State of Great Britain, is and ought to be totally dissolved; and
Free and Independent States, they have full Power to levy War, conclude Peace, contract Alliances, establish Commerce, and to do all other Acts and Things which Independent
may of right do. —— And for the support of this Declaration, with a firm reliance on the protection of divine Providence, we mutually pledge to each other our Lives, our Fortunes
ur sacred Honor.

John Hancock

Button Gwinnett, Lyman Hall, Geo Walton.

Wm Hooper, Joseph Hewes, John Penn

Edward Rutledge 1.

Thos Heyward Junr., Thomas Lynch Junr., Arthur Middleton

Samuel Chase, Wm Paca, Thos Stone, Charles Carroll of Carrollton

George Wythe, Richard Henry Lee, Th Jefferson, Benj Harrison, Ths Nelson jr., Francis Lightfoot Lee, Carter Braxton

Robt Morris, Benjamin Rush, Benj. Franklin, John Morton, Geo Clymer, Jas. Smith, Geo. Taylor, James Wilson, Geo. Ross

Caesar Rodney, Geo Read, Tho M:Kean

Wm Floyd, Phil. Livingston, Frans. Lewis, Lewis Morris

Richd. Stockton, Jno Witherspoon, Fras. Hopkinson, John Hart, Abra Clark

Josiah Bartlett, Wm Whipple, Saml Adams, John Adams, Robt Treat Paine, Elbridge Gerry, Step. Hopkins, William Ellery, Roger Sherman, Sam:el Huntington, Wm Williams, Oliver Wolcott, Matthew Thornton

W. J. STONE SC. WASHN

托马斯·杰斐逊，《独立宣言》的主要作者，后来成为美国第三任总统

这份大胆的文件标志着一个超级大国的诞生，尽管这个充满希望和前途的国度在大约 100 年后才开花结果。20 世纪以后，美国开始对世界产生影响。但在 20 世纪之前，美国曾遭受两次国内战争的痛苦，即 1775—1783 年的独立战争和 1861—1865 年的南北战争。这篇宣言引人注目的开篇照亮了美国的历史："我们认为这些真理是不言而喻的：人人生而平等，造物者赋予他们若干不可剥夺的权利，其中包括生命权、自由权和追求幸福的权利。"这份文件是一座理想主义和希望的灯塔，但美国人费了很长时间才实现《独立宣言》中的承诺。例如，在《独立宣言》宣布近一个世纪之后，美国才废除奴隶制。到

1776年6月28日,《独立宣言》起草委员会五人向国会主席约翰·汉考克提交他们的计划。五人从左至右分别是约翰·亚当斯、罗杰·谢尔曼、罗伯特·利文斯顿、托马斯·杰斐逊和本杰明·富兰克林

了20世纪初，尽管美国犯下了一些较小的错误，但它成了世界领袖，赋予了美国民众自由与繁荣。虽然美国拥有较强的军事力量，并卷入了一些富有争议的战争，但其经济实力得到了世界各国的认同。

自18世纪70年代，英国对13个美洲殖民地管理不善，这些殖民地公民的怨恨日益增长。美国人无权参加位于威斯敏斯特的英国议会，尽管如此，伦敦政府还是不断对其征税，这一行为很不明智。而像弗吉尼亚州的托马斯·杰斐逊、宾夕法尼亚州的本杰明·富兰克林和马萨诸塞州的约翰·亚当斯这样的人，先是要求更多的自治权利，然后公开叛乱。

1773年，英国对茶叶征税，不满情绪升级成愤怒。一大批茶叶运抵波士顿港，包括传奇人物保罗·里维尔在内的数十名抗议者将340多箱茶叶倒入水中。英国人立即关闭了美国这个主要的贸易港口，并任命在美国不受欢迎的总司令托马斯·盖奇将军为马萨诸塞州的总督。盖奇此后的行动大大激起了美国公民领袖的愤怒，使他们从抗议者变成了革命者。1775 年 4 月，他命令英国军队到康科德镇没收他了解到的美国民兵在那里囤积的武器。这一事件成为导火索。枪声响起，双方都有战士被杀。独立战争就此打响。

值得注意的是，即使在那时，大多数领导革命的人都指望和解而不是战争。他们希望伦敦能听到温和派的声音，比如埃德蒙·伯克，他呼吁对被他称为“我们在美洲殖民地的英国兄弟”的人民更加慷慨。然而，1775 年 8 月，英国国王乔治三世宣布美国人“公开叛乱”，托马斯·潘恩的鼓舞人心的小册子《常识》主张建立独立的美利坚合众国，促使美国领导人采取了决定性的措施。1776 年 6 月，13 个州中的 9 个州任命了一个由杰斐逊、亚当斯和富兰克林等五人组成的委员会来起草《独立宣言》。宾夕法尼亚州和南卡罗来纳州两个州拒绝参加；纽约州和特拉华州犹豫不决。7 月 2 日，美国第二届大陆会议在宾夕法尼亚州的费城召开，除纽约州外，其他各州都加入了《独立宣言》的起草工作。宣言的措辞主要是由托马斯·杰斐逊撰写的，国会主席约翰·汉考克立即在宣言上签字，并在 7 月 4 日发表。过了一段时间，包括纽约在内的所有州的代表团才全部签署。

该宣言有三个主要部分，序言和导言部分令人难忘。宣言主张，若政府“一连串滥用职权和强取豪夺”，那么人民便有权摆脱政府的束缚。序言和导言之后是美国人对乔治三世的英国政府的控诉。它列举了英国压迫美国的 28 种方式，其中包括反对美国民主权利、征收不公正的税收及对 13 个殖民地发动战争。宣言的结尾处写着这样一句话：“……这些联合的殖民地是而且有权成为自由和独立的国家；它们取消一切对英国王室的效忠，它们和大不列颠国家之间的一切政

治关系从此全部断绝。”木已成舟，经过七年的战斗，美国人最后与英国政府谈判，美国才完全独立。

《独立宣言》受到了大部分美国人的欢迎，但一些“亲英派”在一段时间内仍对此持怀疑态度。部分“亲英派”移居到了加拿大。但早在一年前，被任命为美国大陆军总司令的乔治·华盛顿就已经在纽约向他的部队宣读了这份文件。作为签署人之一，新罕布什尔州的威廉·惠普尔受宣言启示，释放了自己的奴隶。美国的《独立宣言》后来激励了法国人民进行法国大革命，也激励了世界许多其他地区的人民进行独立运动。

上图：1781 年，英国人在约克镇战役中投降。约翰·特恩布尔通过画作将这一事件流传下来。画作保存在美国国会大厦。尽管英国最高司令官康沃利斯勋爵并没有出现，但这幅画的标题依然是《康沃利斯勋爵的投降》。康沃利斯勋爵派他的副手奥哈拉将军（中，穿红衣）来到得胜的美军和法国盟军的骑兵指挥官之间。美国领导人乔治·华盛顿将军（中右，骑棕色马）做出反应，派他的副手本杰明·林肯将军（中）接过奥哈拉的剑

# 20
# 《网球场宣言》

《网球场宣言》的发表是引发法国大革命的最关键事件。1789年，愤怒的法国下层阶级代表发现自己被排除在与国王的会议之外，于是便聚集在凡尔赛的一个网球场上。他们在那里发表了一个历史性的宣言，这一宣言改变了法国政治的性质和现代欧洲的历史。

1789年6月20日，国民议会议长让-西尔万·巴伊（中间穿黑色衣服）带领群众在网球场做出宣言。他们在宣言中要求制定一部“公平的宪法”

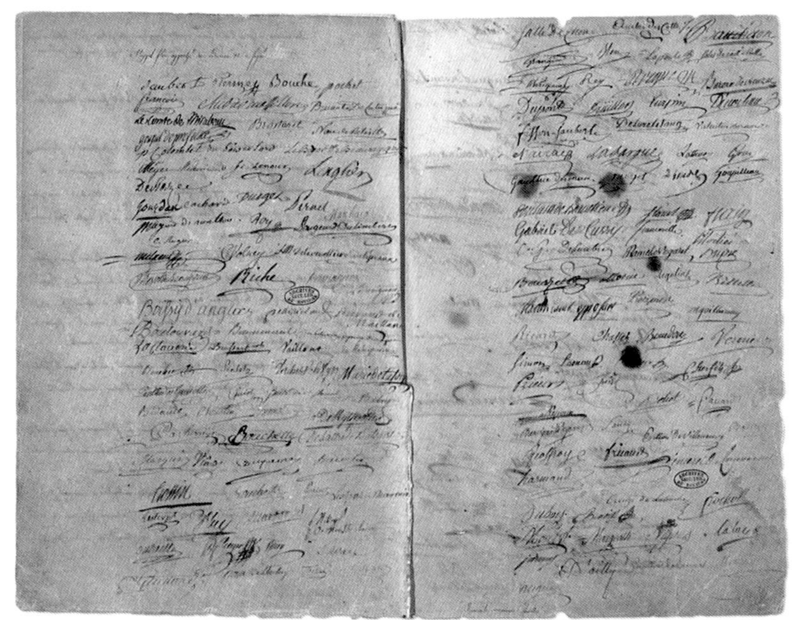

宣言的签署者共近600人。他们要求将权力从君主手中转移到人民手中

近代欧洲民主政治经历了几个暴力阶段。在广阔的历史长河中，法国大革命（1789—1799年）以其暴力野蛮和政治上的极端激进主义而引人注目。在所谓的“恐怖统治”时期（1793年夏至1794年夏），巴黎街头血流成河，约有2万人被送上断头台。马克西米利安·罗伯斯庇尔的公共安全委员会指挥了这场暴力事件。无套裤[①]汉以自由和平等的名义要求消灭上层阶级，受到了愤怒民众的拥护。委员会中有一些人极会煽动民众，如贝特朗·巴雷尔，他宣称：“只有用暴君的鲜血浇灌，自由之树才会生长。”无套裤汉便是受到了他们的怂恿。到了1794年年底，这场革命已经横扫了法国上层阶级和天主教会的各个阶层。

五年前，也就是1789年，第一批革命者在凡尔赛的一个网球场

① 编者注：套裤是受人唾骂的上层阶级所穿的时髦及膝裤。

集会，发起了这场残忍的运动。在此之前，法国的君主一直处于至高无上的地位，由拥有特权的贵族支撑着。国王路易十六时年 35 岁，优柔寡断、缺乏谋略。路易十六在位期间，绝对君主制受到让 - 雅克 · 卢梭等政治思想家的挑战，并且当时法国公众对国内严重衰落的经济深感不安。路易十六的妻子玛丽 · 安托瓦内特因过度奢侈而臭名昭著，路易十六也因此受到严重影响。据说她在谈论那些因歉收而没有面包、面临饥饿的人们时说：“让他们吃蛋糕吧！”

上图：巴士底狱的陷落。1789 年 7 月 14 日，巴黎这座巨大的中世纪堡垒和监狱遭到革命者的攻击。法国每年的这一天都会庆祝它的陷落

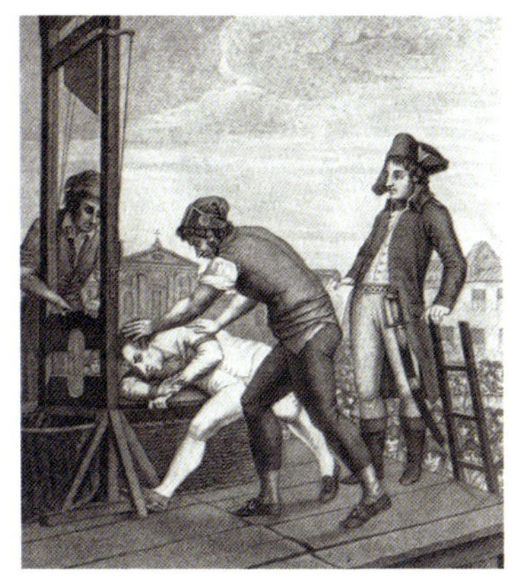

左图：1794 年，罗伯斯庇尔被处决，他是法国恐怖统治时期最杰出的革命者。但他的极端政策最终将自己送上了断头台

右图：路易十六的妻子玛丽·安托瓦内特王后。1793 年，她和丈夫一起被送上断头台

状况逐渐恶化，致使路易十六在 1789 年夏天被迫允许进行一定程度的民主改革。他试图复兴一个古老的法国集会——三级会议，把法国社会中所谓的三种“阶层”，即教会、贵族和平民聚集在一起。代表大多数法国人的第三阶层，即平民阶层，拒绝了他的提议。他们自称“国民议会”，并宣称自己是唯一有权统治法国的机构。国王在维护自己的权威和接受自由主义改革之间犹豫不决，决定邀请三个阶层参加一次盛大的会议。这就意味着要在凡尔赛宫的大沙龙里为会议做准备，然而，就在会议的当天，会议的大门却对第三阶层的平民关闭了。民众十分生气，当时正下着大雨，一位代表想起附近有一个大型的室内网球场，它建于一个世纪前，目的是让路易十四锻炼身体。约 600 名代表在恶劣的天气下找到了躲雨地，他们利用缺席国王正式会议的机会，以宣誓的形式发表了一份历史性的宣言。他们的主席让-西尔万·巴伊站在球场里一张简陋的桌子上，一只手举过头顶，带头宣

读宣言:“我们向上帝和祖国起誓，在制定出一部坚实而公平的宪法之前，我们决不分离。”

在两个月内，国民议会颁布了一系列改革措施，废除了一切封建主义和特权的残余,限制了教会的权力和财富,并发表了《人权宣言》。同时，国王与臣民之间的不信任日益加深，导致街头暴动频发。1789年7月14日，象征伟大王权的巴士底狱被攻破。接二连三的激进革命者群体在暴力争夺权力的过程中相互比拼。到了1793年夏天，罗伯斯庇尔领导的雅各宾派开始恐怖活动，而雅各宾派被认为是最极端的群体。大革命初期的领导人被视为危险的保守派。巴伊曾发起国民议会，并带领他的追随者在网球场宣誓，但在1793年11月恐怖统治最激烈的时候，他被送上了断头台。国王路易十六和他的王后安托瓦内特也于同年死在断头台上。值得注意的是，所有罗伯斯庇尔的支持者中最嗜血的人之一、充满激情的贝特朗，却在大革命和随后的拿破仑统治中幸存下来。贝特朗在病床上悄然死去，享年85岁。

# 21

# 玛丽·沃斯通克拉夫特的《女权辩护》

这份鼓舞人心的文件对 18 世纪英国妇女的传统角色提出了挑战，并成为现代女权运动的指路明灯。这是第一本由女性撰写的书籍，主张女性是理性的存在，有权享有与男性同等的权利，并强调了女性接受适当教育的必要性。这本书让作者玛丽·沃斯通克拉夫特成为 18 世纪英国著名的哲学家。

玛丽·沃斯通克拉夫特的画像。这幅画创作于 1797 年，其著作出版的五年后。这一年，她因难产去世

欧洲启蒙时代，男性哲学家群星璀璨，而玛丽·沃斯通克拉夫特则是一颗难得的代表女性的明星，她的思想建立在约翰·洛克、让－雅克·卢梭和托马斯·潘恩等激进思想家的基础上。对他们来说，理性是理解和改善社会的关键。沃斯通克拉夫特的手稿之所以不同凡响，是因为她不同于男性哲学家，她断言女性与男性一样具有理性思考的能力。在一个女性被视为二等公民的社会里，她呼吁女性通过受教育掌握自己的生活，结束对男性的“盲目服从”，这是革命性的。

沃斯通克拉夫特的许多信念来自她自己的经历。她 1759 年生于伦敦一个富裕家庭，后来家道中落。父亲骄奢淫逸、专横残暴。为了保护母亲，沃斯通克拉夫特晚上睡在母亲卧室的门前。她看着哥哥奈德被送到剑桥学习法律，而她和姐姐们却被教导如何当好管家。沃斯通克拉夫特从痛苦的经历中明白，如果她要自立，就需要自学。她办过学校，但失败了；当过女伴，当过家庭教师——这是当时贫困的中产阶级妇女的典型职业。改变她人生轨迹的是非国教基督徒，后被称为“一位论派”[1]。他们相信，个人可以用理性来回答人生的重大问题，并根据自己的发现采取行动，创造一个更加公

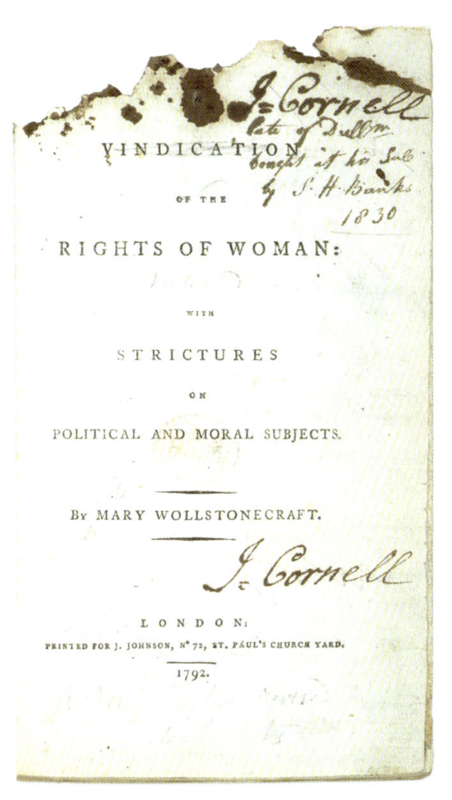
J. Cornell

VINDICATION

OF THE

RIGHTS OF WOMAN:

WITH

STRICTURES

ON

POLITICAL AND MORAL SUBJECTS.

BY MARY WOLLSTONECRAFT.

J. Cornell

LONDON:

PRINTED FOR J. JOHNSON, N° 72, ST. PAUL'S CHURCH YARD.

1792.

1792 年，玛丽·沃斯通克拉夫特的开创性著作《女权辩护》的第一版迅速售罄



① 译者注：否认三位一体和基督神性的基督教派别。

正的社会。教会成员约瑟夫·约翰逊请沃斯通克拉夫特为他的政治杂志《分析评论》撰稿。他于1792年出版了沃斯通克拉夫特的代表作《女权辩护》。

在这部开创性的作品中，沃斯通克拉夫特认为，既然男女在上帝眼中是平等的，那么他们就应该服从同样的道德法则。她研究了当时主流文化对女性造成的影响。主流文化倡导女性重视外表，重视诸如唱歌、缝纫之类的成就，轻视理性的思考。她指责男人鼓励女人虚荣和肤浅。在第三章中，她写道："她们自幼就被教导说，美貌就是女性的权势所在，她们的心灵被困囿于肉身，围着自己的皮囊打转，所思所想不过是如何令其更加美丽。"在书中，她呼吁女性接受教育，拒绝传统的"玩具"和"顺从"的角色。作者说，她"不希望女性凌驾于男性之上"，并坚持认为，用和男人相同的方式教育女人，会让她们成为更好的妻子和母亲，并让她们拥有事业。

这本书刚出版时，几乎没有受到什么批评——在一个女性大多未受教育、权利极少的社会里，这或许令人惊讶。一位批评者称，沃斯通克拉夫特是"穿着衬裙的鬣狗"，但总体来说这本书还是很受欢迎的。第一版很快销售一空，不得不再版，但接下来几年发生的事件却摧毁了沃斯通克拉夫特的声誉和她的开创性思想。

《女权辩护》出版后，33岁的沃斯通克拉夫特立即前往巴黎支持法国大革命，她相信法国大革命将带来国家急需的政治和社会变革。沃斯通克拉夫特在国王路易十六被送上断头台的前几周到达巴黎，与美国商人吉尔伯特·伊姆雷相爱，并为他生下了女儿范妮。伊姆雷拒绝与她结婚后，她伤心欲绝，两次试图自杀。1794年回到伦敦后，沃斯通克拉夫特与激进的哲学家威廉·戈德温成为朋友，并成为他的

玛丽·雪莱在母亲玛丽·沃斯通克拉夫特去世时，只有11天大。她17岁时与英国诗人珀西·比西·雪莱私奔。四年后，即1818年，她写出了著名的恐怖小说《弗兰肯斯坦》

情人。虽然两人都不相信婚姻，但在沃斯通克拉夫特怀孕后，他们还是结成夫妻。1797年，她又生下一个女儿玛丽（《弗兰肯斯坦》的作者玛丽·雪莱）。11天后，沃斯通克拉夫特死于感染，年仅38岁。

沃斯通克拉夫特死后，戈德温为她写了一本传记。他坚信要讲真话，传记记录了她的婚外情，透露了她的私生子，还说她曾试图自杀。戈德温还出版了他已故妻子未完成的小说，其中抨击了婚姻制度。人们惊恐万分。她声名狼藉，她那些富有远见的想法也因此贬值。在接下来的一个世纪里，人们基本忽视了她的思想。直到19世纪末，妇女开始要求投票权，沃斯通克拉夫特的书才重见天日。随着20世纪女权运动的发展，人们恢复了沃斯通克拉夫特作为女权主义之母的应有地位。

右页图：沃斯通克拉夫特书中的四页。男女平等的思想在书中反复出现

# INTRODUCTION.

AFTER conſidering the hiſtoric page, and viewing the living world with anxious ſolicitude, the moſt melancholy emotions of ſorrowful indignation have depreſſed my ſpirits, and I have ſighed when obliged to confeſs, that either nature has made a great difference between man and man, or that the civilization which has hitherto taken place in the world has been very partial. I have turned over various books written on the ſubject of education, and patiently obſerved the conduct of parents and the management of ſchools; but what has been the reſult?—a profound conviction that the neglected education of my fellow-creatures is the grand ſource of the miſery I deplore; and that women, in particular, are rendered weak and wretched by a variety of concurring cauſes, originating from one haſty concluſion. The conduct and manners of women, in fact, evidently prove



that



merely employed to adorn her perſon, that ſhe may amuſe the languid hours, and ſoften the cares of a fellow-creature who is willing to be enlivened by her ſmiles and tricks, when the ſerious buſineſs of life is over.

Beſides, the woman who ſtrengthens her body and exerciſes her mind will, by managing her family and practiſing various virtues, become the friend, and not the humble dependent of her huſband, and if ſhe deſerves his regard by poſſeſſing ſuch ſubſtantial qualities, ſhe will not find it neceſſary to conceal her affection, nor to pretend to an unnatural coldneſs of conſtitution to excite her huſband's paſſions. In fact, if we revert to hiſtory, we ſhall find that the women who have diſtinguiſhed themſelves have neither been the moſt beautiful nor the moſt gentle of their ſex.

Nature, or, to ſpeak with ſtrict propriety, God, has made all things right; but man has ſought him out many inventions to mar the work. I now allude to that part of Dr. Gregory's treatiſe, where he adviſes a wife never to let her huſband know the extent of her ſenſibility or affection. Voluptuous precaution, and as ineffectual as abſurd.—Love, from its very nature, muſt be tranſitory. To

ſeek



to ſave him from ſinking into abſolute brutality, by rubbing off the rough angles of his character; and by playful dalliance to give ſome dignity to the appetite that draws him to them.—Gracious Creator of the whole human race! haſt thou created ſuch a being as woman, who can trace thy wiſdom in thy works, and feel that thou alone art by thy nature, exalted above her,—for no better purpoſe?—Can ſhe believe that ſhe was only made to ſubmit to man, her equal; a being, who, like her, was ſent into the world to acquire virtue?—Can ſhe conſent to be occupied merely to pleaſe him; merely to adorn the earth, when her ſoul is capable of riſing to thee?—And can ſhe reſt ſupinely dependent on man for reaſon, when ſhe ought to mount with him the arduous ſteeps of knowledge?—

Yet, if love be the ſupreme good, let women be only educated to inſpire it, and let every charm be poliſhed to intoxicate the ſenſes; but, if they are moral beings, let them have a chance to become intelligent; and let love to man be only a part of that glowing flame of univerſal love, which, after encircling humanity, mounts in grateful incenſe to God.

To



the horſe or the aſs for whom ye provide provender—and allow her the privileges of ignorance, to whom ye deny the rights of reaſon, or ye will be worſe than Egyptian taſk-maſters, expecting virtue where nature has not given underſtanding!



END OF THE FIRST VOLUME.

(all published)

# 22

# 贝多芬的《第五交响曲》

当我们决定在本书中加入一部音乐手稿时，选择是显而易见的——贝多芬的《第五交响曲》。它独特的四个音符（登、登、登、等！）的开场是有史以来最令人难忘的节奏之一。路德维希·范·贝多芬的杰作之所以更引人注目，是因为其惊心动魄的创新激励了从约翰内斯·勃拉姆斯到查克·贝里等后代作曲家。

1820年，贝多芬正在创作《庄严弥撒曲》。德国艺术家约瑟夫·卡尔·斯蒂勒应贝多芬的要求，只能画四次。贝多芬拒绝给他更多的时间，于是斯蒂勒不得不根据记忆来画贝多芬的双手

贝多芬手写的《第五交响曲》乐谱，从著名的四音符开始。在左边乐器列表的最前面，“长笛”被划掉了，因为他认为长笛太柔和，不适合强劲的开场

“一般认为，贝多芬的《第五交响曲》是侵入人耳的最雄浑的声音。”爱德华·摩根·福斯特所著的《霍华德庄园》第五章的开场白完美地概括了我们对这部交响曲的看法。它是世界上最流行、最常演奏的作品之一，但它杰出的乐谱来之不易。贝多芬花了四年的时间创作《第五交响曲》，当时他非常焦虑。他的笔记证明，他曾将某些段落写了又重写，多达 20 次。贝多芬的传记作者埃米尔·路德维希称《第五交响曲》是“贝多芬给我们的关于他自己的最伟大的肖像”。

1804年，34岁的贝多芬开始创作《第五交响曲》。当时，他被动荡的局势包围。拿破仑的军队正向他居住的维也纳进军，他的耳朵也快聋了。越来越严重的耳聋对他的打击很大，他曾考虑过自杀。贝多芬还患有耳鸣，耳鸣持续不断。作为钢琴家、作曲家，他却逐渐听不清键盘上的某些音符，这一定十分痛苦。贝多芬的秘书安东·辛德勒说，贝多芬告诉他，开场的四音符主题是“命运的敲门声”。这首交响曲常被称为《命运交响曲》，但对于其中的“命运”究竟是指贝多芬的失聪还是拿破仑的战争，学界一直有争论。贝多芬先是热心支持法国大革命，后来又支持拿破仑。他曾计划将他的《第三交响曲》献给这位英雄，但在拿破仑自封为法国皇帝后，他的幻想破灭了。贝多芬在扉页上划去了拿破仑的名字，并改为这部作品用以“纪念一位伟人”。1805年，拿破仑的军队对维也纳进行了轰炸，贝多芬用枕头捂住耳朵，以防爆炸声进一步损害他的听力。

1808年12月22日，《第五交响曲》在维也纳剧院首演，贝多芬亲自指挥。演出反响平平。乐队仅排练了一次，演奏得十分糟糕，整场演奏长达四个多小时，音乐厅也没有

贝多芬的《第五交响曲》的首演地——历史悠久的维也纳剧院。剧院外墙上有一座纪念碑，纪念1803年3月4日在剧院里创作歌剧《费德里奥》的贝多芬

暖气。观众对这部新作感到迷惑不解，这部交响曲有着许多新奇之处：两个乐章连在一起，一个乐章的旋律在另一个乐章中重现，交响乐中首次使用长号。最重要的是，贝多芬改变了公认的交响乐形式。通常交响曲的结尾与开始时的调性相同，但《第五交响曲》以C小调开始，以C大调结束，把重点放在最后一个乐章，而不是第一乐章。这种新颖的转调把听众带进了一段情感之旅，从严峻的逆境到辉煌的胜利。贝多芬这样描述他从小调到大调的递进："许多人断言，每一首小调

上图：维也纳剧院内部奢华的装修是19世纪欧洲的奇迹之一。但1808年12月22日，当贝多芬的《第五交响曲》在维也纳剧院首次上演时，由于暖气系统失灵，这里明显冷清了许多

作品都必须以小调结束。相反，我发现……大调具有辉煌的效果。悲伤之后是快乐，雨水之后是阳光。”

直到 18 个月后，这首曲子出版，《第五交响曲》才开始受到好评。1810 年，音乐评论家 E.T.A. 霍夫曼（后写了儿童读物《胡桃夹子和老鼠王》）用诗句肯定了这部交响曲：“这首美妙的乐曲，在不断攀升的高潮中，带领听众不屈不挠地前进，进入无限的精神世界……在那里，悲伤和欢乐以声音的形式拥抱着他。”

贝多芬被认为是一股革命性的力量，他改变了人们演奏和聆听音乐的方式，为大型音乐形式树立了新的标准，并对勃拉姆斯、柴可夫斯基和马勒等作曲家产生了重要影响。所有人都遵循他的从小调到大调、从暗调到明调的模式。在第二次世界大战期间，他的《第五交响曲》起到了截然不同的启发作用。它与著名的“V 代表胜利”手势相联系，被称为《胜利交响曲》。“V”是罗马数字 5，字母 V 的摩斯密码是三个点和一个破折号，就像第一乐章的前四个音符。在整个战争期间，英国广播公司用贝多芬《第五交响曲》的前四个音符作为对被占领的欧洲国家的广播信号。

最近，查克·贝里将这段旋律盗用到他的热门歌曲《超越贝多芬》中。我们还可以在电影中听到第一乐章，如华特·迪士尼的《幻想曲 2000》，在电子游戏、电视主题曲以及英国科幻系列剧《神秘博士》中也能听到。1977 年，贝多芬的《第五交响曲》甚至被带上了“旅行者一号”飞船，进入了外太空，这是对这位全球知名的作曲家的一种恰如其分的致敬。

# 23
# 弗朗西斯·斯科特·基的《星光灿烂的旗帜》

1814 年 9 月，一位名叫弗朗西斯 · 斯科特 · 基的年轻诗人在看到英国人进攻巴尔的摩后，创作了这首日后成为美国国歌的诗歌。看到美国星条旗经历了夜间的轰炸，仍在港口要塞上飘扬，他深受鼓舞，心中涌起民族自豪感，写下了这些诗句。

1814 年 9 月 13、14 日晚，麦克亨利堡遭到英军轰炸，但英国皇家海军的大炮和火箭弹都未能击溃麦克亨利堡

O say can you see ~~through~~ by the dawn's early light,
What so proudly we hail'd at the twilight's last gleaming,
Whose broad stripes & bright stars through the perilous fight
O'er the ramparts we watch'd, were so gallantly streaming?
And the rocket's red glare, the bomb bursting in air,
Gave proof through the night that our flag was still there,
O say does that star-spangled banner yet wave
O'er the land of the free & the home of the brave?

On the shore dimly seen through the mists of the deep,
Where the foe's haughty host in dread silence reposes,
What is that which the breeze, o'er the towering steep,
As it fitfully blows, half conceals, half discloses?
Now it catches the gleam of the morning's first beam,
In full glory reflected now shines in the stream,
'Tis the star-spangled banner — O long may it wave
O'er the land of the free & the home of the brave!

And where is that band who so vauntingly swore,
That the havoc of war & the battle's confusion
A home & a Country should leave us no more?
— ~~[illegible]~~
Their blood has wash'd out their foul footstep's pollution.
No refuge could save the hireling & slave
From the terror of flight or the gloom of the grave,
And the star-spangled banner in triumph doth wave
O'er the land of the free & the home of the brave.

O thus be it ever when freemen shall stand
Between their lov'd home & the war's desolation!
Blest with vict'ry & peace may the heav'n rescued land
Praise the power that hath made & preserv'd us a nation!
Then conquer we must, when our cause it is just,
And this be our motto — "In God is our trust,"
And the star-spangled banner in triumph shall wave
O'er the land of the free & the home of the brave. —

关于美国国歌的歌词是如何写成的这个故事，几乎和歌词本身一样令人振奋。歌词来自一位年轻的美国律师及诗人。在美国翻过其历史上较为黑暗的一页后，这位诗人用铅笔写下了自己的作品。美国已经摆脱英国统治30多年，但在1814年9月13日，英国军队卷土重来。1781年，美国在约克镇重挫英国；现在，美国为了自己的命运，又要与英国交战。在美国独立战争中被羞辱的英国如今又回来了，并进行了无情的报复。美国人在1812年向英国宣战。在英国与法国皇帝拿破仑的冲突最激烈的时候，美国甚至还入侵了英国的领土加拿大，这让英国人非常愤怒。直到1814年夏天，拿破仑被击溃并被流放到厄尔巴岛，英国人才感到自己有足够的实力与美国抗衡。一支由30多艘军舰和运兵船组成的舰队被派遣到大西洋彼岸，要给美国人以英国政府所谓的“痛击”。特遣部队的目标不是恢复英国在美国的统治，而是正如英国大臣们所想的那样，惩罚那些从背后捅了他们一刀的人们。

1814年8月，在马里兰登陆的英军快速地向内陆推进。对此，美国政府表现出了令人震惊的无能。詹姆斯·麦迪逊总统头脑敏锐，同时也是美国宪法的奠基人之一，但他并不是一个伟大的军事领袖。麦迪逊不懂如何指挥，导致他们对加拿大的进攻惨遭失败。在当时，他们不知道该如何应对英国带来的新威胁，而这也成为美国军事史上耻辱的一章。参加过拿破仑战争、头发花白的英国退伍军人轻松击败了热情高涨但缺乏训练的美国华盛顿的军队。几个小时后，美国首都的公共建筑被英军焚毁。为了挽救美国第一任总统乔治·华盛顿的精美画像，麦迪逊总统和他勇敢的妻子多莉·麦迪逊坚持推迟离开总统大厦（重修后被称为白宫）。后来，他们一路逃过了波托马克河，将

左页图：1814年9月14日，弗朗西斯·斯科特·基于黎明时分写下了一首诗。一个多世纪后，这首诗成为美国国歌的歌词

这面在麦克亨利堡上空飘扬的星条旗是由女裁缝玛丽·皮克斯吉尔制作的，15 颗星星代表美国的 15 个州。现存于华盛顿的史密森尼博物馆

华盛顿拱手相让。英国指挥官罗伯特·罗斯少将和乔治·科伯恩上将进入被遗弃了的总统大厦时，发现总统的餐点还有余温。他们和手下军官狼吞虎咽地吃完了食物，把椅子放在餐桌上，点燃了大楼。美国国会大厦、国务院和财政部的办公大楼同样被付之一炬。

似乎没有什么能阻止英国人带来进一步的破坏和羞辱。在火烧华盛顿后，英军兵分两路进攻巴尔的摩。9 月 12 日，英国陆军在巴尔的摩附近登陆，海军的军舰和炮艇则轰炸守卫巴尔的摩内港的麦克亨利堡。但巴尔的摩可敬的军事指挥官山姆·史密斯将军，决心不让他

年轻的律师、诗人弗朗西斯·斯科特·基看到星条旗在夜色中幸存下来，仍然在堡垒上空飘扬。他受到启发写下了这样一句话：“哦，你可看见，透过一线曙光……”

的城市遭受与华盛顿相同的命运。麦克亨利堡是关键，美军补充了足够的枪支和弹药。麦克亨利堡的驻军指挥官乔治·阿米斯特德命人缝制了一面巨大的新国旗，这是一面约 9.1 米 ×12.2 米（30 英尺 ×40 英尺）的星条旗，被高高悬挂在了城墙之上。一切都是为了表达巴尔的摩抵抗英军的决心，宣示巴尔的摩会抵御住当晚来自英国舰船的可怕的大炮的轰炸。

当晚，英军对麦克亨利堡展开大规模的袭击。当时，年轻的美国律师弗朗西斯·斯科特·基础巧正在就释放囚犯事宜与英军进行谈判，他被安置在了附近的一艘英国船上。猛烈的炮火轰击着城墙，来自英国海军的火箭弹和迫击炮弹从空中落向被围困的守军,令他目瞪口呆。那个可怕的夜晚结束时，基认为守军一定已经投降了，美国国旗会被英国国旗取代。但当他透过黎明的薄雾望去时，他又惊又喜地揉了揉眼睛,激动地看到星条旗仍然骄傲地飘扬在麦克亨利堡破败的城墙上。进攻失败了，英国人正在撤离。他在一张纸上飞快地用铅笔写下了一首诗。“哦，你可看见，透过一线曙光，我们对着什么，发出欢呼的声浪？……你看星条旗将高高飘扬，在这自由国度，勇士的家乡？”

当天晚上，基把他的诗给一位朋友看，朋友读完非常感动，坚持要把这首诗印出来。很快，它被改编成了歌曲。一个多世纪后，这首因英国未能攻占巴尔的摩而创作的歌曲被定为美国的国歌。

# 24

# 拿破仑 1815 年 3 月 1 日的宣言

这篇宣言开启了拿破仑试图重建法兰西第一帝国这场悲剧的最后一幕，而这也是历史上极具戏剧性的一幕：这位历史上伟大的军事指挥官回来继续进行决定命运的最后努力，但以 1815 年 6 月 18 日滑铁卢战役的耻辱性失败而告终。文件宣称：“法国人民，我回到你们中间，重新获得我的权利，也就是你们的权利。”

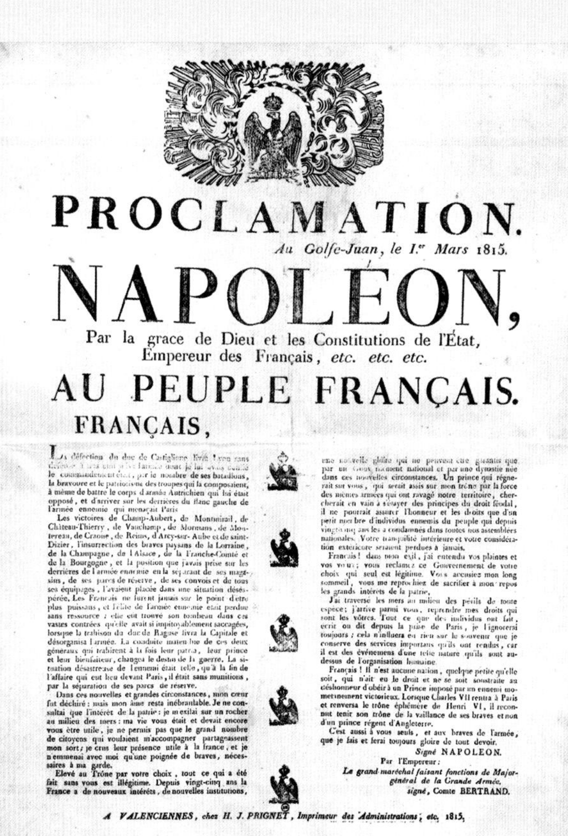

PROCLAMATION.

*Au Golfe-Juan, le 1.er Mars 1815.*

NAPOLÉON,

Par la grace de Dieu et les Constitutions de l'État, Empereur des Français, *etc. etc. etc.*

AU PEUPLE FRANÇAIS.

FRANÇAIS,

La défection du duc de Castiglione livra Lyon sans défense à nos ennemis ; l'armée dont je lui avais confié le commandement était, par le nombre de ses bataillons, la bravoure et le patriotisme des troupes qui la composaient, à même de battre le corps d'armée Autrichien qui lui était opposé, et d'arriver sur les derrières du flanc gauche de l'armée ennemie qui menaçait Paris.

Les victoires de Champ-Aubert, de Montmirail, de Château-Thierry, de Vauchamp, de Mormans, de Montereau, de Craone, de Reims, d'Arcy-sur-Aube et de saint-Dizier, l'insurrection des braves paysans de la Lorraine, de la Champagne, de l'Alsace, de la Franche-Comté et de la Bourgogne, et la position que j'avais prise sur les derrières de l'armée ennemie en la séparant de ses magasins, de ses parcs de réserve, de ses convois et de tous ses équipages, l'avaient placée dans une situation désespérée. Les Français ne furent jamais sur le point d'être plus puissans, et l'élite de l'armée ennemie était perdue sans ressource ; elle eût trouvé son tombeau dans ces vastes contrées qu'elle avait si impitoyablement saccagées, lorsque la trahison du duc de Raguse livra la Capitale et désorganisa l'armée. La conduite inattendue de ces deux généraux qui trahirent à la fois leur patrie, leur prince et leur bienfaiteur, changea le destin de la guerre. La situation désastreuse de l'ennemi était telle, qu'à la fin de l'affaire qui eut lieu devant Paris, il était sans munitions, par la séparation de ses parcs de réserve.

Dans ces nouvelles et grandes circonstances, mon cœur fut déchiré : mais mon âme resta inébranlable. Je ne consultai que l'intérêt de la patrie : je m'exilai sur un rocher au milieu des mers : ma vie vous était et devait encore vous être utile, je ne permis pas que le grand nombre de citoyens qui voulaient m'accompagner partageassent mon sort ; je crus leur présence utile à la france, et je n'emmenai avec moi qu'une poignée de braves, nécessaires à ma garde.

Elevé au Trône par votre choix, tout ce qui a été fait sans vous est illégitime. Depuis vingt-cinq ans la France a de nouveaux intérêts, de nouvelles institutions, une nouvelle gloire qui ne peuvent être garantis que par un Gouvernement national et par une dynastie née dans ces nouvelles circonstances. Un prince qui régnerait sur vous, qui serait assis sur mon trône par la force des mêmes armées qui ont ravagé notre territoire, chercherait en vain à s'étayer des principes du droit féodal, il ne pourrait assurer l'honneur et les droits que d'un petit nombre d'individus ennemis du peuple qui depuis vingt-cinq ans les a condamnés dans toutes nos assemblées nationales. Votre tranquilité intérieure et votre considération extérieure seraient perdues à jamais.

Français ! dans mon exil, j'ai entendu vos plaintes et vos vœux ; vous réclamez ce Gouvernement de votre choix qui seul est légitime. Vous accusiez mon long sommeil, vous me reprochiez de sacrifier à mon repos les grands intérêts de la patrie.

J'ai traversé les mers au milieu des périls de toute espèce ; j'arrive parmi vous, reprendre mes droits qui sont les vôtres. Tout ce que des individus ont fait, écrit ou dit depuis la prise de Paris, je l'ignorerai toujours ; cela n'influera en rien sur le souvenir que je conserve des services importans qu'ils ont rendus, car il est des événemens d'une telle nature qu'ils sont au-dessus de l'organisation humaine.

Français ! Il n'est aucune nation, quelque petite qu'elle soit, qui n'ait eu le droit et ne se soit soustraite au déshonneur d'obéir à un Prince imposé par un ennemi momentanément victorieux. Lorsque Charles VII rentra à Paris et renversa le trône éphémère de Henri VI, il reconnut tenir son trône de la vaillance de ses braves et non d'un prince régent d'Angleterre.

C'est aussi à vous seuls, et aux braves de l'armée, que je fais et ferai toujours gloire de tout devoir.

*Signé* NAPOLEON.

Par l'Empereur :

*Le grand maréchal faisant fonctions de Major-général de la Grande Armée.*

*signé*, Comte BERTRAND.

*A VALENCIENNES, chez H. J. PRIGNET, Imprimeur des Administrations, etc. 1815.*

拿破仑向法国人民发表宣言，承诺赶走不受爱戴的波旁王朝国王路易十八。他说，他回来是为了“重新获得我的权利，也就是你们的权利”

威灵顿公爵骑着他的马——哥本哈根，在滑铁卢战役的关键时刻集结部队。他的步兵排成防御方阵，抵御着法军的连续冲锋

拿破仑·波拿巴被流放到厄尔巴岛，由英国人看守。1815 年 2 月 26 日，在从厄尔巴岛逃出后，他便返回法国，发表了这篇果敢的宣言。拿破仑在与欧洲几乎所有国家的战争中取得了 15 年的胜利，却在一年前被反法同盟的联军逼到了下风，被迫退位。随后，他被送往距离法国南部 240 千米的厄尔巴岛，而英国军官尼尔·坎贝尔爵士对他的管理非常松懈。1815 年 2 月底，坎贝尔犯了一个错误，他擅离职守到意大利去看医生（尽管有传言说他其实是去找他的情妇）。他于 2 月 28 日回来时，得知拿破仑已经乘坐伪装成英国双桅横帆船样子的“无常号”逃走了。拿破仑还带走了 1000 多名法国随从和获准留在岛上的士兵。坎贝尔进行了追击，但为时已晚。3 月 1 日，拿破仑在法国里维埃拉的昂蒂布附近的儒昂湾登陆。

右页图：在英国皇家海军军舰“贝勒罗丰号”上，拿破仑在英国军官的注视下被押往英国海域，然后被流放到遥远的圣赫勒拿岛拿破仑冒了很大的风险，毕竟法国现在又回到了旧政权的手中。法国国王路易十八重登王位，这个因战争而疲惫不堪的国家现在正享受着第一年的和平。然而，路易十八似乎没有从之前波旁政权的失败中吸取教训，没有采取措施改革法国社会。最重要的是，他解散了大部分效忠拿破仑的老近卫军，而这是一个错误的决定。当拿破仑的前秘书去厄尔巴岛拜访拿破仑时，拿破仑问他的老兵们是否仍然拥护他。"是的，陛下，" 秘书回答道，"我甚至可以大胆地说，比以前更强烈了。"这就是拿破仑这次冒险的决定性因素。

拿破仑一上岸，就下令把这份宣言尽可能广泛地散发出去，以吸引帝国军队的退伍老兵。他提醒他们，一年前的军事胜利成功地延缓了敌人对巴黎的推进。宣言的前三分之一没有指责军队让敌人在1814 年 3 月攻占了巴黎，而是指责他的两位前元帅——卡斯蒂廖内公爵奥热罗元帅和拉古萨公爵马尔蒙元帅"叛变"。随后，拿破仑向法国人民示好，声称路易十八的政权将恢复旧的封建制度，这意味着国内的和平和国外的尊重将"永远消失"。最后，他承诺："我只向你们和军队的勇士们致敬，并将永远以你们为荣。"

这强有力的呼吁有助于拿破仑在随后的日子里重新获得至高无上

的权力。法国人至今仍在庆祝他从法国南部海岸到巴黎的20天行军，并把这段路称为“拿破仑之路”。保皇党人曾试图阻止他，但都以失败告终。最著名的一次是在格勒诺布尔附近发生的对抗，拿破仑在那里遇到了一个营，他们奉命想尽一切办法阻止他。当他们准备开火时，拿破仑向前走着，露出了胸膛。“如果你们中间有人想杀死他的皇帝，就动手吧。”他喊道。没人开枪。整个营的人冲上前去，与他拥抱在一起。内伊元帅曾许诺用铁笼把拿破仑关在巴黎，但当他们见面时，内伊元帅也屈服于老战友的魅力，宣布支持他。

3 月 20 日，拿破仑回到了巴黎。一年前击败他的盟军指挥官在维也纳会议上立即宣布他为逃犯。对于他的归来，法国人意见不一，但大家都明白，拿破仑与盟国的战争不可避免。但拿破仑仍然可以依靠他的老近卫军。他在战斗中鼓舞人心的领导力让他拥有了一支 10 万人的庞大部队，他们向北进发，以期在盟军完全联合起来对付他之前打败盟军。但这已是强弩之末。拿破仑的确在比利时派出奇兵，迫使威灵顿公爵和他的普鲁士同盟布吕歇尔元帅在 6 月 16 日撤退，但两天后在滑铁卢战役中，他就被威灵顿公爵和布吕歇尔元帅击败。即使拿破仑赢得了滑铁卢，他也很快就会被从东方赶来的俄国和奥地利军队打败。

1815 年 2 月 26 日，拿破仑戏剧性地从厄尔巴岛逃脱；但几个星期后，他就投降了，并作为囚犯被送往圣赫勒拿岛——一个他未能逃脱的岛屿。六年后，拿破仑去世。他把自己最后一次光荣但致命战役的失败归咎于除了自己之外的几乎所有人。

# 25

# 布鲁内尔 1840 年 10 月 12 日的信

这封来自英国伟大工程师伊桑巴德·金德姆·布鲁内尔的信，预示着航海技术的革命。布鲁内尔在信中提到，最近在一艘名为“阿基米德号”的船上进行的试验使他相信，在驾驶他的新蒸汽轮船“大不列颠号”时，螺旋桨将比桨轮更有效。1840 年的这个决定性的时刻标志着螺旋桨时代的到来。

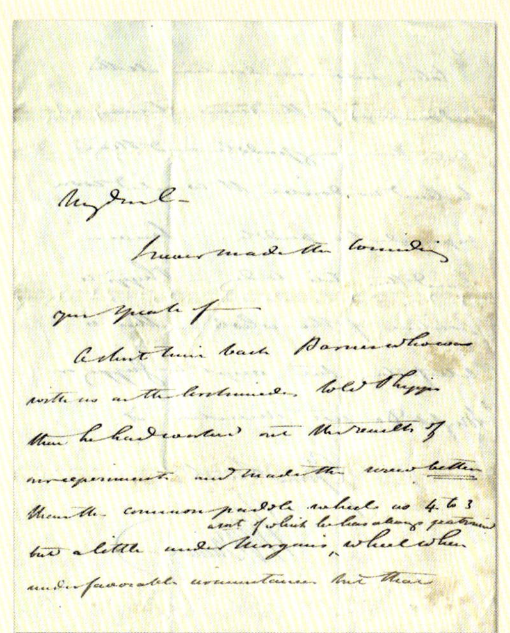

My dear —

I have made the [illegible]

you speak of —

[illegible]

[illegible] told Phipps

[illegible]

[illegible] and made the screw better

than the common paddle wheel as 4.6 3

[illegible]

[illegible] a little under Morgan's wheel when

under favourable circumstances but these

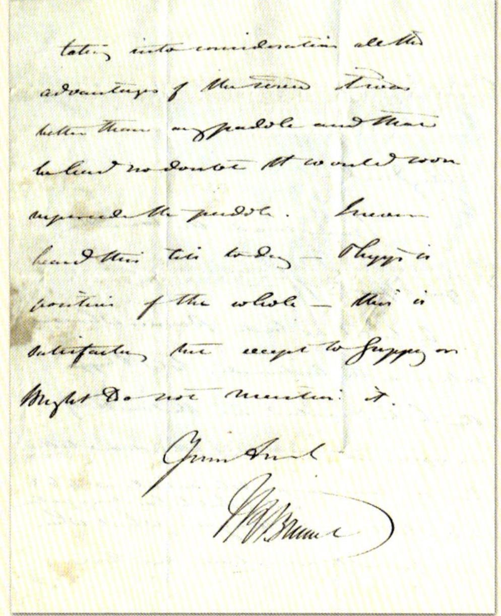

taking into consideration all the

advantages of the screw [illegible]

better than any paddle and I have

believed no doubt it would soon

supersede the paddle. I have

heard this told today — Phipps is

[illegible] of the whole — this is

satisfactory but except to Guppy or

Wright Do not mention it.

Yours truly

IKBrunel

布鲁内尔的信印证了他对螺旋桨的创新承诺。他认为它是最好的推进方式，第二页的顶部写着：“考虑到螺旋桨的优势，它比其他的桨更好……”

1857 年的米尔沃尔造船厂，51 岁的布鲁内尔骄傲地站在他最后一艘蒸汽船“大东方号”的锚链前

伊桑巴德·金德姆·布鲁内尔是工业革命的巨人，他的工作成就甚丰，人生极为精彩。他是一个迷人的、耀眼的人物，善于激励他人支持他雄心勃勃的工程项目。他在铁路方面的开创性工作改变了人们在陆地上的旅行方式，而在海上，他的三艘大型蒸汽船开启了现代远洋旅行的时代。

这封写于 1840 年 10 月的信恰如其分地说明了布鲁内尔是创新天才。他当时已经建造了破纪录的能够横跨大西洋的桨驱动蒸汽轮船——排水量达 2300 吨的“大西方号”，这是当时世界上最大的客轮，

右页图：布鲁内尔的螺旋桨驱动蒸汽轮船“大不列颠号”在布里斯托尔的展览现场——1843 年下水前的干船坞

于 1837 年下水。它拥有优雅的线条、单烟囱和四根高大的桅杆，既壮观又美丽。在很短的时间内，布鲁内尔建造了另一艘下水的蒸汽轮船，它采用了不同的推进系统，用螺旋桨代替了桨轮。这就是信中提到的“阿基米德号”。布鲁内尔说，在“阿基米德号”上进行的测试已经证明了“螺旋桨的优势”，螺旋桨“比其他的桨更好”。这是海洋工程史上一个激动人心的进步，对布鲁内尔来说，他正是在关键的时刻取得了这一成果。他那时正在计划建造“大西方号”的升级版——“大不列颠号”，这既是当时世界上最大的蒸汽船，也是第一艘完全由铁制造的船。他的“大不列颠号”将比“大西方号”长 27 米，增加 1300 吨的排水量。最初的计划是为“大不列颠号”配备桨轮，但测试表明螺旋桨会更好：更轻、更不碍事，而且当船向一边倾斜时，桨轮就会离开海面，而螺旋桨则被牢牢地放在船尾中央，远远低于

水位。

布鲁内尔面临的问题是，“大不列颠号”的桨轮驱动发动机已经在生产了。这些巨轮是在当地金融家的支持下建造的，任何拖延都会付出高昂的代价，而且不讨那些等待资金回报的投资者的喜欢。但布鲁内尔决定承担这些风险。在布里斯托尔建造了 18 个月后，他取消了英国的桨轮驱动发动机订单，并要求设计和安装一个带发动机的大螺旋桨来代替。诸多阻碍导致“大不列颠号”推迟服役，螺旋桨的生产只是其中之一。但“大不列颠号”一投入使用，就被证明这是一个可以列入工程史的成功。“大不列颠号”的螺旋桨使轮船以 11 节[①]的速度前进（比“大西部号”快 3 节），并且“大不列颠号”可以搭载 300 名乘客（是“大西部号”的两倍）和 120 名船员。

延迟意味着“大不列颠号”直到 1845 年夏天才投入使用。这在纽约引起了不小的轰动，一家持怀疑态度的科学杂志评论说，如果说“这艘高贵的船在构造或机械方面有什么不妥，那就是螺旋桨的推进方式”，如果不久后螺旋桨被船侧的桨轮所取代也就不足为奇了。但杂志错了，布鲁内尔对了。在“大不列颠号”漫长的航行生涯中，它虽然在利物浦和纽约，以及后来澳大利亚航线多次发生事故，但从未使用过桨轮。

布鲁内尔有成功也有失败。他与父亲马克·布鲁内尔在泰晤士河下修建的隧道曾因洪水而无法施工，甚至发生了工人死亡事故。年轻的布鲁内尔本人也在施工过程中受了伤。当他被任命为大西部铁路线的总工程师时，他确实为大西部铁路线建造了一些优秀的桥梁，但事实证明，他雄心勃勃的宽轨铁路网是不可行的，因为全国其他地方都坚持使用标准轨。他曾尝试用真空管道系统“大气”为南德文郡铁路

① 编者注：节（knot），单位符号 kn，是一个专用于航海的速度单位，1 节的速度为每小时 1 海里，也就是每小时 1.852 千米。

提供动力，但失败了，他不得不再次放弃。

他设计的蒸汽轮船也饱经波折。“大不列颠号”的首次航行是前往纽约，但在 1846 年，也就是航行一年后，它在北爱尔兰附近搁浅。到了 1886 年，“大不列颠号”因年久失修，又因火灾和南大洋的糟糕天气而受损，被遗弃在马尔维纳斯群岛。1970 年，几位捐助者高瞻远瞩、慷慨解囊，才将它用巨大的打捞浮筒运回家乡布里斯托尔。现在，它风采重现，其豪华的内部陈设也被完美地修复了。

布鲁内尔一直是每个工程师的灵感来源，他的创造力也一直在鼓励我们所有人前行。他的那些伟大的发明和设计，都彰显了他敢于挑战的勇气和惊人的想象力。

# 26
# 《共产党宣言》

《共产党宣言》是全世界范围内发行量最大、影响最广的政治学著作。该书由德国哲学家卡尔·马克思和弗里德里希·恩格斯于1848年合著，其中关于发动工人阶级领导的社会革命和最终消除阶级对立的设想，成为改变历史进程的新政治运动的思想基础。

卡尔·马克思57岁时的照片。弗里德里希·恩格斯曾说，这张照片展示了马克思“全部庄严宁静的神态和他所特有的乐观精神以及对胜利的信心”。马克思去世后，恩格斯订购了1000多本《共产党宣言》，寄给全世界的社会主义者

《共产党宣言》是在欧洲政治和经济大动荡的背景下诞生的。在1848年欧洲革命期间，从德国到亚平宁半岛，有50个“国家”发生了起义。动乱的原因有很多：工业发展放缓造成了大规模失业，仅在维也纳就有万名工人下岗；1845年至1847年间，整个西欧遭遇了粮食歉收，爱尔兰就因马铃薯饥荒而陷入瘫痪；城市人满为患、贫困泛滥，而只有上层阶级有投票权。中产阶级和工人阶级的抗议者走上街头，要求制定新的宪法，要求政府给予他们发言权。巴黎的暴力示威迫使国王路易·菲利普一世逊位；在伦敦骚乱之后，维多利亚女王为了安全搬到了怀特岛。对于卡尔·马克思和弗里德里希·恩格斯来说，当时的环境正适合传播他们新生的共产主义运动思想。

马克思因为其革命的社会主义思想而被驱逐出祖国普鲁士，之后他搬到了巴黎，然后到了布鲁塞尔。恩格斯的父亲在曼彻斯特拥有一家工厂，因此家境殷实的恩格斯不仅在思想上支持马克思，在经济上也为他提供了长期的无私援助。这两位哲学家被说服加入并帮忙改造伦敦新成立的正义者同盟（后改名为共产主义者同盟），同盟代表大会委托马克思和恩格斯起草纲领。他们曾讨论过许多想法，而《共产党宣言》是他们第一次将思想记录在纸上。

马克思手写的这份文件只有23页，但它极其权威地表达了作者关于历史以及未来是如何运行的观点。“至今，一切社会的历史都是阶级斗争的历史”，这是第一章令人难忘的开场白。它追溯了历史斗争，从古代文明中的自由人和奴隶的斗争，到工业革命中的“资产阶级”——占有生产资料的资本家和“无产阶级”——提供劳动力的工人的斗争。它出乎意料地赞美了资本主义，颂扬资产阶级创造了“完全不同于埃及金字塔、罗马水道和哥特式教堂的奇迹”。然而，马克

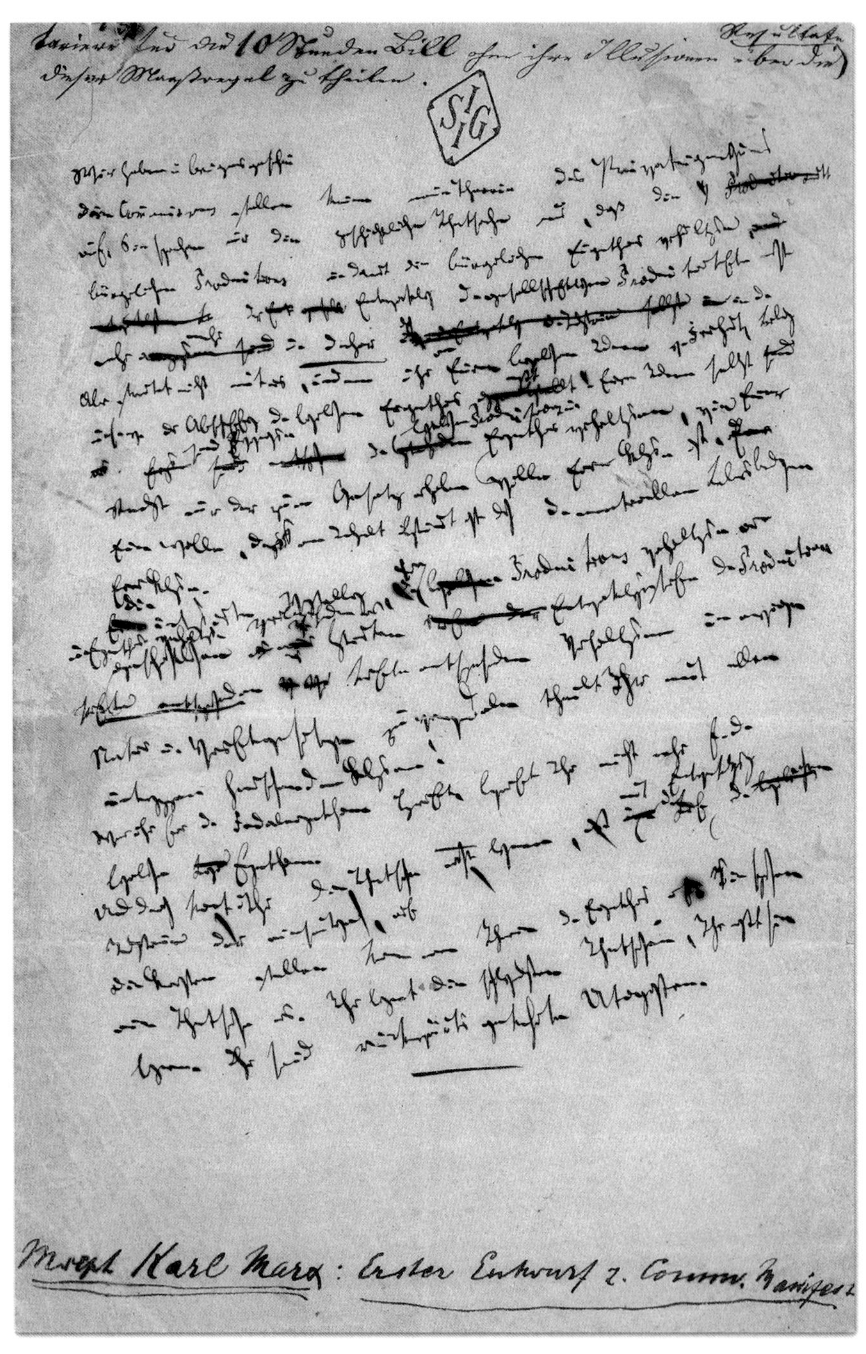


《共产党宣言》初稿中仅存的一页，由马克思手写。他和恩格斯仅用六周时间就写出了这份文件。他们于 1848 年 1 月底完成《共产党宣言》的写作，并在一个月后将其出版

弗里德里希·恩格斯，他与马克思合著了《共产党宣言》。恩格斯是一位富有的纺织商的儿子，他在经济上支持马克思及其家庭

思和恩格斯很快就指出，快速工业化的问题在于，资产阶级通过剥削工人制造出自己的“掘墓人”：资产阶级制造出一个越来越庞大的心怀怨恨的工人阶级，他们会认识到自己的力量，并发动暴力革命。他们把资产阶级比作一个“魔法师”，而这个“魔法师”现在已经“不能再支配自己用法术呼唤出来的魔鬼了”。

《共产党宣言》还描述了工人们如何受到共产主义思想的鼓舞，联合起来创建一个无阶级的、平等的社会。除此之外，《共产党宣言》呼吁废除私有财产制度、停止雇用童工、交通系统国有化和免费公共教育，这些要求在今天听起来其实相当温和。马克思和恩格斯宣称为实现共产主义社会而奋斗是正确的革命道路，并视所有其他形式的社会主义为误导革命。他们自信地预测，发生在德国的革命将带来一场更广泛的无产阶级革命，革命最终带来人人平等、和谐相处的世界。当然，《共产党宣言》不可能画出共产主义运动的具体路径和未来共产主义社会的蓝图。《共产党宣言》最后用了大写的文字，一百多年来，

这句话一直回荡在世界广大人民的耳边——“全世界无产者，联合起来！”

马克思和恩格斯认为，德国会成为共产主义运动的“旗手”，这个想法最终没有实现。1848 年的欧洲人民反抗活动无一成功。中产阶级和工人阶级的联盟分崩离析，安全部队支持了政府。在接下来的 20 年里，这份宣言基本上被人们忽视。但在 1872 年，德国激进的社会民主党领导人号召反对普法战争后，被指控犯有叛国罪，这件事意外促进了《共产党宣言》的传播。在审判过程中，检察官引用了这份宣言作为证据，使得《共产党宣言》在德国得以合法出版。在几个月内，《共产党宣言》以 6 种语言出版了 9 个以上的版本。在接下来的 40 年里，随着社会主义思想的生根发芽，版本数量增加到数百种。

1917 年，也就是马克思逝世 34 年后，弗拉基米尔·列宁领导的十月革命把俄国建成了世界上第一个社会主义国家。20 世纪的一段时期，世界上约一半的人民由共产党领导，《共产党宣言》成为几代人的必读读物。虽然马克思预言的国家消亡时代并未到来，世界范围的共产主义运动也一度遭受了挫折，但《共产党宣言》经受住了时间的考验，它对全球化、经济危机和日益扩大的贫富差距等问题的激进态度，在今天与 1848 年一样具有现实意义。

1848 年 3 月 18 日，普鲁士军队在柏林亚历山大广场袭击路障后的抗议者。叛乱分子从附近建筑物的窗户开枪，并向国王的士兵投掷铺路石

# 27
# 足球比赛规则

这本不起眼的笔记本是体育史上最重要的文件之一。1863 年的《足球协会会议记录手册》包含了一系列会议的记录，这些会议制定了第一份被广泛接受的足球比赛规则。它代表了两个具有里程碑意义的时刻：一是推出了可以说是当今世界上最受欢迎的运动；二是成立了英国足球的管理机构——足球协会。

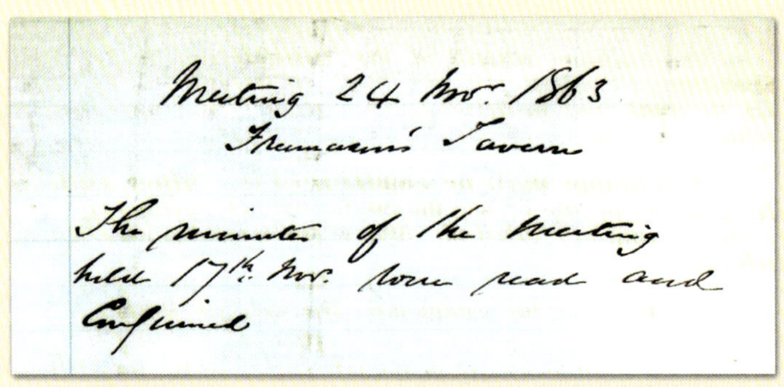
Meeting 24 Nov: 1863
Freemasons' Tavern

The minutes of the Meeting held 17th Nov: were read and Confirmed

1863 年 11 月 24 日会议纪要

1863 年秋天，埃比尼泽·科布·莫利在一系列会议中写的《足球协会会议记录手册》。现陈列在英国曼彻斯特的国家足球博物馆

I.

The maximum **length of the ground** shall be 200 yards, the maximum **breadth** shall be 100 yards, the length and breadth shall be marked off with flags and the **goal** shall be defined by two upright posts, 8 yards apart, without any tap or bar across them.

II.

**The Game shall be commenced** by a **place kick** from the centre of the ground by the side winning the toss, the other side shall not approach within 10 yards of the ball until it is kicked off. After a goal is won the losing side shall be entitled to kick off.

III.

The two sides shall change goals after each goal is won.

IV.

A goal shall be won when the ball passes over the space between the goal posts (at whatever height), not being thrown, knocked on, or carried.

V.

When the ball is in **touch** the first player who touches it shall kick or throw it from the point on the boundary line where it left the ground, in a direction at right angles with the boundary line.

VI.

A player shall be **out of play** immediately he is in front of the ball, and must return behind the ball as soon as possible. If the ball is kicked past a player by his own side, he shall not touch or kick it or advance until one of the other side has first kicked it or one of his own side on a level with or in front of him has been able to kick it.

VII.

In case the ball goes behind the goal line, if a player on the side to whom the goal belongs first touches the ball, one of his side shall be entitled to a free kick from the goal line at the point opposite the place where the ball shall be touched. If a player of the opposite side first touches the ball, one of his side shall be entitled to a free kick from a point 15 yards outside the goal line, opposite the place where the ball is touched.

VIII.

If a player makes a **fair catch** he shall be entitled to a **free kick,** provided he claims it by making a mark with his heel at once; and in order to take such kick he may go as far back as he pleases, and no player on the opposite side shall advance beyond his mark until he has kicked.

IX.

A player shall be entitled to run with the ball towards his adversaries' goal if he makes a fair catch, or catches the ball on the first bound; but in the case of a fair catch, if he makes his mark, he shall not then run.

X.

If any player shall run with the ball towards his adversaries' goal, any player on the opposite side shall be at liberty to charge, hold, trip, or hack him, or to wrest the ball from him; but no player shall be held and hacked at the same time.

会议记录手册中的前 10 条（共 13 条）规则的草案。与会人员针对规则进行了激烈的辩论，特别是关于带球跑动和球员的带球与踢人的规则，这也导致了最终版本的修改

1863 年秋天，新成立的足球协会的成员们在伦敦市中心的共济会酒馆举行会议。12 月 8 日，足球规则在这里正式通过

1863 年 10 月 26 日，一群人聚集在伦敦科文特花园附近的共济会酒馆。他们着手解决当时最大的体育难题：足球队由于规则不同而无法相互竞争。经过六次会议和激烈的讨论，他们最终在 12 月 8 日制定了 13 条规则，这标志着现代足球的诞生。

几个世纪以来，踢球都是英国人生活的一部分。在苏格兰，“fute-ball”（足球）一词最早出现在 1424 年的一项禁止足球的法案中。邻近地区的黑帮会玩“集体足球”或“热血足球”，他们争相将猪的膀胱从城镇的一端踢到另一端。踢打猪膀胱和任何挡路的人都被认为是合理的。亨利八世也拥有一双足球鞋，但这并没有阻止他在 1540 年试图禁止这种游戏，理由是“足球”煽动了骚乱。一位当代评论家写道：“足球简直就是野蛮游戏和极端暴力。”剑桥大学的记录显示，1579 年，学生和当地居民之间的比赛演变成了一场斗殴。当

右页图：1882 年，英格兰足总杯决赛在英国伦敦肯宁顿椭圆形球场举行。老伊顿人队以 1 比 0 击败布莱克本流浪者队

时的规定禁止学生在校外踢足球。直到 19 世纪，要求规范比赛规则的呼声越来越高。伊顿公学和拉格比公学等上流社会的寄宿学校希望进行竞争性比赛，但他们的比赛遵循不同的规则。例如，拉格比允许球员灵活地处理球，而伊顿则更多地依靠踢球。1848 年，五所学校在剑桥大学召开会议，起草了一份通用规则清单（现已失传），但这些规则只被这五所学校采用。同样，1858 年谢菲尔德足球俱乐部制定的规则也只被英格兰北部的少数俱乐部采用。

伦敦一位热爱足球的律师埃比尼泽·科布·莫利让足球真正规范起来。他住在绿树成荫的巴恩斯郊区，和朋友们在那里成立了一个足球俱乐部。由于难以与其他规则不同的俱乐部进行比赛，他感到非常沮丧，于是在 1863 年，他给一家很受欢迎的体育生活报纸《贝尔的伦敦生活和体育纪事》写信，表示板球比赛有标准的规则，为什么足球比赛没有标准的规则呢？他的信促成了 10 月 26 日在共济会酒馆举行的历史性会议。莫利在笔记本上做了会议记录，他工整的笔迹记录

了伦敦及周边地区 12 家俱乐部代表开会的情况，“目的是建立一个协会，旨在为足球运动制定明确的规则”。该团体自称足球协会，如今常被称为足协。莫利的笔记显示，该组织的一些想法基于 1848 年在剑桥制定的规则，其中还记录了人们关于两个方面的激烈辩论：手球犯规和踢人（踢对手的小腿）。来自布莱克希思足球俱乐部的代表坚持要求允许球员带球跑动和踢人。当这一点被驳回后，他退出了。布莱克希思接着成立了一个新的组织：橄榄球联盟。

莫利的 1863 年《足球协会会议记录手册》列出了 12 月 8 日批准的 13 条规则。球场长 200 码（182.9 米），宽 100 码（91.4 米），球门柱之间间隔 24 英尺（7.3 米）。球员可以接球，但不能带球跑动或投球。为了减少赛场上的暴力行为，第 13 条规则规定：“球员的鞋底或靴子后跟处不得有突出的钉子、铁板或橡胶。”

在接下来的几年里，规则得到了补充和完善。1869 年加入了球门球；三年后加入了角球；裁判员在 1871 年首次出现；球门柱上增加了网和横梁；点球直到 1891 年才被引入，主要是因为足球被认为是一项“永远不会作弊的绅士们玩的游戏”。

如今，世界上有 200 多个国家开展足球运动，证明了这项运动的魅力。这也给了我们一个机会引用我们最喜欢的一句话，即足球传奇人物、20 世纪 70 年代利物浦俱乐部主教练比尔·香克利的名言：“足球无关生死，但足球高于生死。”

# 28

# 达尔文的《物种起源》

对我们来说，查尔斯·达尔文的自然选择进化论是人类历史上最重要的思想之一。他对“适者生存”的详尽论述彻底改变了科学、哲学和神学的发展进程。达尔文于 1842 年完成了《物种起源》的初稿。当时的人们普遍认为，是上帝创造了所有生命，并非自然。进化论将会推翻人们既有的信念，出于担心，达尔文在 17 年后才出版了《物种起源》。

ON

THE ORIGIN OF SPECIES

BY MEANS OF NATURAL SELECTION,

OR THE

PRESERVATION OF FAVOURED RACES IN THE STRUGGLE FOR LIFE.

BY CHARLES DARWIN, M.A.,

FELLOW OF THE ROYAL, GEOLOGICAL, LINNÆAN, ETC., SOCIETIES;
AUTHOR OF 'JOURNAL OF RESEARCHES DURING H. M. S. BEAGLE'S VOYAGE ROUND THE WORLD.'

LONDON:
JOHN MURRAY, ALBEMARLE STREET.
1859.

*The right of Translation is reserved.*

1859 年出版的《物种起源》第一版的扉页。之后达尔文又出版了五个版本，增加了新的论点

达尔文在他著名的生命之树草图的顶端，写下了“我认为”。草图表明所有的生物都有一个单一的起源，却演化成不同的物种

1837 年的一天，28 岁的查尔斯·达尔文坐下来，画了一棵树的草图，这棵树后来成为他革命性进化理论的象征。树的分支说明了新物种的出现。一些物种灭绝，另一些幸存了下来。达尔文曾乘坐英国皇家海军“贝格尔号”军舰，进行了为期五年的航行。在航行结束后，他画下了这棵树。“贝格尔号”军舰搭载着一支军事和科学探险队环游了南美洲和其他大陆，其中就有这位充满激情的年轻博物学家。这

次旅行改变了他对世界的认识。

达尔文本应像他的父亲和祖父一样成为一名医生，但他讨厌看到血液，只读了一年就离开了医学院。后来，他进入剑桥大学学习，准备在安立甘教会工作。然而，比起学习神学，他更喜欢收集昆虫，研究它们之间的微小差异。达尔文的导师推荐他作为“绅士博物学家”加入“贝格尔号”军舰，因此达尔文于 1831 年开始了航行。由于晕船，达尔文抓住一切机会下船探险、观察和收集。他发现早已灭绝的动物化石与现存物种之间存在着相似性，这一发现深深震撼了他。达尔文观察到章鱼、蜥蜴和鸟类等生物的特征是根据它们生活的环境发展的。他还研究了种族差异。航行看到的一切使他越来越相信，所有的生物都是从单一的有机体逐渐进化而来的。

回到英国后，他将自己的发现整理在笔记本中，并继续收集证据来支持自己的观点。1842 年，也就是航海归来六年后，达尔文完成

上图：达温宅，达尔文和他的家人在这里生活了 40 年。他在书房里写作；他还把花园里的小路叫作“思考之路”，经常边散步边思考

了著作的大纲。由于种种原因，《物种起源》在十七年后才出版。这些原因包括：达尔文的父亲去世了；他最宠爱的女儿也去世了；他希望有更多的证据来支持自己的信念；最重要的是，当时的人们坚信，宇宙万物都是通过上帝之手维系在一起的，他担心自己和家人会因为挑战宗教信仰而名誉扫地。达尔文知道自己正处于危险的境地，他在 1844 年写给朋友的一封信中坦言，披露进化论就像是在“招认自己是一名杀人犯”。

达尔文不懈地寻找着更多的证据，直到他的同事、博物学家阿尔弗雷德·拉塞尔·华莱士也得出了相似的结论。1858 年，华莱士写信给达尔文，概述了自己的进化论。它与达尔文的理论不谋而合，这促使达尔文迅速出版了他的书。达尔文将这本小册子描述为“人间地狱”，但他还是决心让尽可能多的人看到它。他以对话的风格写作，使用了简单的语言来阐述他直接而有逻辑的论点。有趣的是，达尔文在原稿中并没有使用“进化”和“适者生存”这样的字眼，它们在后来的版本中才出现。达尔文也没有否认上帝在自然界的作用，他写道：“很可能曾经在这地球上生活过的所有生物，都是从某一原始类型传衍下来的，最初则由‘造物主’将生命力注入这一原始类型。”

《物种起源》于 1859 年 11 月 24 日出版，其全名是《论依据自然选择即在生存斗争中保存优良族的物种起源》。出版第一天，1250 册便售罄。对于这本书，读者的反响不一。一位评论家写道：“这本书十分可笑。”另一位评论家称自然选择是“杂乱无章的法则”。

达尔文并不是第一个提出进化论观点的人。但在他之前，没有人对进化论做出过一个连贯的、易懂的解释。他的书引起了全世界的关注，并引发了宗教与科学之间的争论。争论在 1925 年达到了高潮，

左页图：1868 年，达尔文拍摄了这张照片，并将其作为自己的“肖像名片”。当时社会，人们流行将这些小照片寄给朋友，而达尔文则是寄给他的众多读者

即著名的“猿猴诉讼案”。美国教师约翰·托马斯·斯科普斯因教授查尔斯·达尔文的进化论，被认定违反了田纳西州的法律。该州因进化论与《圣经》中的创世故事相冲突，而禁止教授进化论。到 1967 年，这条法律才被废除。

至于达尔文，他的余生都在创作新书，并且将他的畅销名著《物种起源》更新了五个版本。达尔文不断地完善文本，重新思考、修改，回应批评。他又在《物种起源》中增添了 25% 的内容，并且将这本书以 11 种语言出版，这使达尔文成为维多利亚时代的百万富翁。1882 年，他在伦敦东南部的达温宅去世，他在那里生活和工作了 40 年。为了纪念达尔文，达温宅被后人精心保存了下来，非常值得一游。这位伟人被安葬在威斯敏斯特大教堂。

# 29
# 《葛底斯堡演说》

亚伯拉罕 · 林肯亲笔写下了这篇著名的《葛底斯堡演说》。1863 年，南北战争中最具决定性的战役之一葛底斯堡战役打响。战役结束后，林肯为纪念死者而发表讲话，口袋里就装着这篇演说词。这篇演说词因其对民主利益的致敬而成为传奇。

亚伯拉罕・林肯，美国总统，任期从 1861 年 3 月到 1865 年 4 月。他最大的成就是取得南北战争的胜利，并废除了奴隶制

ted to the great task remaining before us— that, from these honored dead we take increased devotion to that cause for which they here, gave the last full measure of devotion— that we here highly resolve these dead shall not have died in vain; that the nation, shall have a new birth of freedom, and that government of the people by the people for the people, shall not perish from the earth.

Executive Mansion,

Washington, , 186 .

Four score and seven years ago our fathers brought forth, upon this continent, a new nation, conceived in liberty, and dedicated to the proposition that "all men are created equal"

Now we are engaged in a great civil war, testing whether that nation, or any nation so conceived, and so dedicated, can long endure. We are met on a great battle field of that war. We have come to dedicate a portion of it, as a final resting place for those who died here, that the nation might live. This we may, in all propriety do. But, in a larger sense, we can not dedicate— we can not consecrate— we can not hallow, this ground— The brave men, living and dead, who struggled here, have hallowed it, far above our poor power to add or detract. The world will little note, nor long remember what we say here; while it can never forget what they did here.

It is rather for us, the living, ~~to stand here,~~ we here be dedica-

林肯手写的《葛底斯堡演说》手稿。林肯将手稿传给了秘书约翰·尼古拉。演说的最后一句话是："希望我们能使国家在上帝的赐福中得到自由的新生，并使这个民有、民治、民享的政府永世长存！"

这篇不朽的演说词读起来虽然简洁，但充满力量、富有节奏，称得上是伟大的演说词。《葛底斯堡演说》发表时，美国正处在关键的历史时刻。1863 年 7 月 1 日，美国内战中最具决定性的血战在宾夕法尼亚州的葛底斯堡打响，四个半月后，这篇演讲词发表。南方各反叛州组成了美利坚联盟国（简称邦联），罗伯特・李将军作为邦联指挥官，带领南方军队到达葛底斯堡。李在钱斯勒斯维尔战役中战胜了亚伯拉罕・林肯总统的联军，他欣喜若狂，决心要进一步深入敌军，突破北方的防线。关键的对抗发生在葛底斯堡，李的进攻最终在那里被粉碎。我们走过了那些引人深思的战场，每个战场的战士都曾历经艰苦与磨难，人们在每个战场都立起了纪念碑。美国南北战争是一场残酷的战争，最终以 1865 年南方的失败而告终；葛底斯堡战役则是这场战争中最惨烈的一战，造成大约 5 万人伤亡。

林肯于 1860 年当选总统。一年后，南方各州宣布独立，美国陷入内战。林肯认为，除了战斗别无选择。在早期阶段，他选择战斗，与其说是为了废除在南方普遍存在的奴隶制,不如说是为了维护联邦。“在这场斗争中，我的首要目标不是拯救或者摧毁奴隶制，而是拯救联邦”,他在 1862 年 8 月说道,“如果我无须解放任何一个奴隶便能拯救联邦，我也愿意那样做。”几周后，他的态度变得强硬，并警告说，到 1863 年 1 月，他将下令解放所有叛乱州的奴隶。1863 年 11 月，林肯被邀请参加葛底斯堡国家公墓的揭幕式，毫无疑问，这时的他是一个坚定的废奴主义者。

在林肯演讲之前，美国著名演说家爱德华・埃弗里特对葛底斯堡战役发表了长篇演讲。他的演说持续了两个小时，而林肯只有两分钟。埃弗里特后来写信给林肯说，他希望自己能够“在两个小时内讲得跟

你在两分钟内讲得一样切题”。

埃弗里特进行了主要的演讲，而林肯被邀请到葛底斯堡，原定是对埃弗里特做一些适当的评论。但林肯把这张写有演讲词的纸条折叠起来放在口袋里，开始了他的演说。演说结束后，现场爆发出阵阵掌声。

林肯在这两分钟内所说的话产生的影响是惊人的，也是振奋人心的。首先，他引用了 1776 年美国《独立宣言》中的一句话：“人人生而平等。”讽刺的是，立下这一崇高原则的主要作者托马斯·杰斐逊却是一个奴隶主。87 年后，林肯再次说出了这句话。但这一次，其中也包括了奴隶。葛底斯堡战役发生一年半后，宪法第十三条修正案被国会批准，由林肯签署。此时，奴隶制才被彻底废除。

林肯的演说发人深省。他认为，葛底斯堡死难者是为了民主事业而英勇牺牲的，因此人们应该“更加踊跃”地投入这项事业，至此这次纪念死难者的演说达到了高潮。他借用了 500 多年前英国神学家约

翰·威克里夫和伟大的意大利革命家朱塞佩·马志尼的话——“民有、民治、民享的政府”，并把这些话融在了悼词中，而这也引发了经久不息的掌声。

林肯的听众不仅仅是11月那天站在他周围的当地政客和士兵，还有数百万其他美国人，这些人在为美国赢得自由的战争中失去了亲人。对于一个才赢得自由不到一个世纪的国家来说，维护国家统一是重中之重。这也是对世界其他国家的承诺：赢得自由的美国不会让过去的努力付之东流。

一个世纪后，另一位著名的美国演说家马丁·路德·金站在华盛顿林肯纪念碑的台阶上，赞扬这位签署第十三条修正案——废除奴隶制的总统。马丁·路德·金说：“这一庄严宣言犹如灯塔的光芒，给千百万在那摧残生命的不义之火中受煎熬的黑奴带来了希望。”

左页图：1863年11月19日，林肯在葛底斯堡国家公墓揭幕式上发表演讲，这张图是艺术家的创作

上图：林肯在葛底斯堡发表演讲前的珍贵照片。他在照片中央面对着镜头，几乎被警卫和围观的人群包围

# 30

# 《英属北美法案》

《英属北美法案》建立了加拿大这个国家。该法案于1867年由英国议会通过，规定了加拿大联邦政府的结构，并列出了联邦政府和四个省政府之间的权力划分。该法案是现代最成功的宪法文件之一，一直保存在伦敦，经修订后成为加拿大宪法。1982年，加拿大总理皮埃尔·埃利奥特·特鲁多将其收回加拿大。

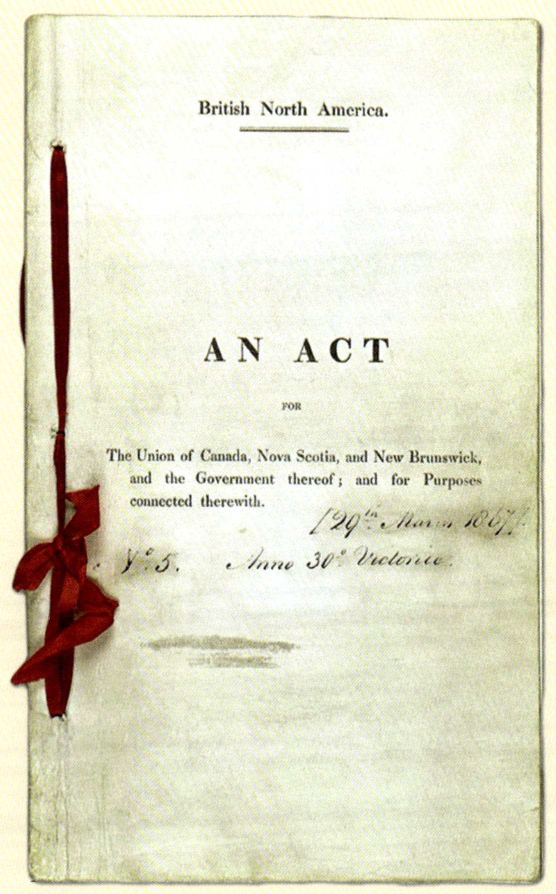
British North America.

AN ACT

FOR

The Union of Canada, Nova Scotia, and New Brunswick, and the Government thereof; and for Purposes connected therewith.

[29th March 1867]

No. 5. Anno 30° Victoriae

1867年3月29日的《英属北美法案》，该法案建立了加拿大这个国家。法案于当年7月1日生效，统一了北美的英国殖民地。1982年前，它一直是加拿大的宪法在威斯敏斯特宫的议会档案馆保存的300万份记录中，有一份对所有加拿大人都非常重要的文件。1867年的《英属北美法案》夹在《都市贫民法》和《狗执照法案》之间。它被抄录在羊皮纸上，用红丝带穿在一起，为世界上最成功的国家之一提供了建国框架。根据该法案，英国在北美的三个殖民地——加拿大省（当时是安大略省和魁北克省的联合体）、新斯科舍省和新不伦瑞克省——统一为"加拿大自治领"。

加拿大的开国元勋、当地的政治家和思想家们，都希望"在世界各国中占有一席之地"，但建立自己国家的主要原因是害怕他们的美国邻居。1865年，美国南北战争结束，一些美国政治家公开谈论吞并英属北美的部分地区。1866年，芬尼亚兄弟会的劫掠者（其中一些人曾参加美国南北战争）对加拿大殖民地发动袭击，向英国施压，要求英国让爱尔兰独立。同年，美国政府结束了一项有利可图的协定，该协定允许美国与英国北美殖民地进行自然资源和农产品的自由贸易。

加拿大的政治家们希望将这个新国家称为"加拿大王国"，但遭到了英国政府的拒绝，因此不得不接受"加拿大自治领"这个名称。但在如何治理加拿大的问题上，他们也有自己的想法。他们选择了英国议会制度，设有众议院和参议院，还借鉴了他们认为的美国宪法中的精华部分。与美国一样，加拿大将有一个中央或联邦政府和若干省级政府，但与美国不同的是，加拿大的联邦政府拥有压倒性的权力，而各省的权力则是有限的。加拿大首任总理约翰·亚历山大·麦克唐纳说："我们规避了巨大的缺陷，这一直是美国混乱的根源。"美国各州声称有权脱离联邦，考虑到美国内战，他不希望加拿大各省像美国各州一样行事。《英属北美法案》明确规定了权力的分配。联邦政府负责 29 项具体事务，包括一般税收、货币、银行和刑事法庭；省级政府掌控教育、监狱、医院和民法等 16 个领域；县级法院以上的法官均由联邦政府任命；英国君主仍然是国家元首。作为当时的文件，该法案没有提及妇女或加拿大土著等特定群体。

1867 年 2 月 12 日，英国上议院提出了加拿大、新斯科舍和新不伦瑞克联合的议案。它允许加拿大管理自己的国内事务，而英国则继续负责其外交和国防政策。殖民地事务大臣卡那封伯爵说，这“为一个伟大的国家奠定了基础——也许在未来的某一天，这个国家甚至会让英国黯然失色”。英国政客很快就通过了议案，他们渴望看到自己的殖民地在国防等事务上承担更多的支出责任，并欢迎加拿大成为大英帝国未来的贸易伙伴和重要成员。1867 年 7 月 1 日，《英属北美法案》成为加拿大的宪法。在新国家的首都渥太华，人们用 101 响礼炮迎接联邦的到来。多伦多燃放了焰火；蒙特利尔吹起了小号；哈利法克斯举行了阅兵式。

PAPERS

RELATING TO

The CONFERENCES which have taken place between HER MAJESTY'S GOVERNMENT and a DEPUTATION from the EXECUTIVE COUNCIL of CANADA appointed to confer with HER MAJESTY'S GOVERNMENT on SUBJECTS of IMPORTANCE to the PROVINCE.

Presented to both Houses of Parliament by Command of Her Majesty.
19*th June* 1865.

No. 1.

COPY of a DESPATCH from GOVERNOR GENERAL Viscount MONCK to the Right Honourable EDWARD CARDWELL, M.P.

(No. 83.)

SIR, Quebec, 24th March 1865.

I HAVE the honour to transmit for your information a copy of an approved Minute of the Executive Council of Canada appointing a Deputation from their body who are to proceed to England to confer with Her Majesty's Government on subjects of importance to the Province.

The gentlemen named on the deputation propose leaving by the steamer which sails on the 5th April.

I have, &c.
(Signed) MONCK.

The Right Honourable
Edward Cardwell, M.P., &c., &c.



Enclosure in No. 1.

COPY of a REPORT of a COMMITTEE of the Honourable the EXECUTIVE COUNCIL, approved by his Excellency the GOVERNOR GENERAL on the 24th March 1865.

THE Committee respectfully recommend that four members of your Excellency's Council do proceed to England to confer with Her Majesty's Government:

1st. Upon the proposed Confederation of the British North American Provinces, and the means whereby it can be most speedily effected:

2d. Upon the arrangements necessary for the defence of Canada in the event of war arising with the United States, and the extent to which the same should be shared between Great Britain and Canada:

3d. Upon the steps to be taken with reference to the Reciprocity Treaty, and the rights conferred by it upon the United States:

4th. Upon the arrangements necessary for the settlement of the North-west Territory and Hudson's Bay Company's claims:

5th. And generally upon the existing critical state of affairs by which Canada is most seriously affected:

The Committee further recommend that the following Members of Council be named to form the Delegation, viz., Messrs. Macdonald, Cartier, Brown, and Galt.

Certified,
WM. H. LEE, C.E.C.

No. 2.

COPY of a DESPATCH from the Right Honourable EDWARD CARDWELL, M.P., to Governor General Viscount MONCK.

(No. 95.)

MY LORD, Downing Street, 17th June 1865.

I HAVE the honour to inform your Lordship that several conferences have been held between the four Canadian Ministers who were deputed, under the Minute of your Executive Council of March 24th, to proceed to England to confer with Her Majesty's

12794. A

这份文件提到一个事件：1865 年春，一个加拿大代表团前往伦敦讨论联邦问题。其中一位代表便是约翰·亚历山大·麦克唐纳，之后他成为加拿大的第一任总理

上图：名为《联邦之父》的画作，在 1916 年的一场大火中被烧毁。画中未来的加拿大总理麦克唐纳站在中间朗读文件

下图：时任加拿大总理皮埃尔·埃利奥特·特鲁多和英国女王伊丽莎白二世在渥太华签署 1982 年宪法法案

在过去的岁月里，《英属北美法案》被多次修订。英国对加拿大拥有全面的立法控制权，因此任何修改都必须得到英国议会的批准。1871 年，加拿大获得了建立新的省和地区的权力。1930 年，新成立的不列颠哥伦比亚省、阿尔伯塔省、曼尼托巴省和萨斯喀彻温省获得了联邦控制土地上某些自然资源的所有权。直到 1949 年，英国的一项法规才赋予加拿大议会修改该法案的权力，但仅限于涉及联邦权力的地方。历届加拿大联邦政府都试图让各省同意，让英国政府把修改宪法的权利移交给加拿大联邦政府，但都没有成功。最后，皮埃尔·埃利奥特·特鲁多成功了。1982 年 3 月 29 日，英国议会通过《加拿大法案》，取消了英国对加拿大的一切立法权。不到三周后，英国女王伊丽莎白二世前往渥太华签署了新宪法法案。今天，加拿大拥有十个省和三个地区，其稳定和民主的社会归功于 1867 年的《英属北美法案》。

# 31

# 1885 年的《柏林会议总议定书》

1885 年 2 月签订的《柏林会议总议定书》约定了谁拥有非洲。当时，包括英国、法国、葡萄牙和德国在内的欧洲列强同美国一起同意瓜分非洲大陆，他们甚至没有听取非洲人民的意愿。

奥托·冯·俾斯麦（正对，右中）在官邸主持柏林会议。墙上挂着非洲地图，而房间里并没有任何非洲人

19 世纪 80 年代之前，广袤的非洲大陆基本上没有受到外国殖民主义的入侵，这令人惊奇。在此之前，非洲沿海一带有零星的欧洲人定居点，但其余大部分地区都是由非洲土著统治者管理。在 1500 年之后，帝国大规模扩张，但基本都绕过了非洲。然而，在 1914 年第一次世界大战爆发前的几十年里，一场殖民非洲的狂潮爆发了，欧洲列强几乎统治了非洲各地，这也被称为“非洲争夺战”。

欧洲对殖民地的欲望源于对贸易、自然资源和生活空间的渴望，以满足因工业革命而迅速增长的城市人口的需求，并且他们渴望利用突然出现的机会。这是一场因争夺领土而加剧的争夺。那些沿海的小定居点迅速扩大，侵占了内陆的大部分地区。欧洲侵略者与非洲部落和王国签订条约，有时还对其发动战争，于是这些部落和王国很快就失去了主权。大部分情况下，武器装备的落后使非洲人民无力抵抗。1896 年，埃塞俄比亚皇帝梅内利克二世击败了意大利军队，这是非洲人成功反击的罕见例子。

争夺非洲的主要欧洲国家是占领非洲西部的法国，占领非洲西部、南部和东部的英国，以及主要占领了非洲南部的葡萄牙；两个新来

AFRICA. No. 3 (1886).

GENERAL ACT

OF THE

CONFERENCE OF BERLIN.

*Signed February 26, 1885.*

*Presented to both Houses of Parliament by Command of Her Majesty. June 1886.*

LONDON:
PRINTED BY HARRISON AND SONS.

To be purchased, either directly or through any Bookseller, from any of the following Agents, viz.,
Messrs. HANSARD, 13, Great Queen Street, W.C., and 32, Abingdon Street, Westminster;
Messrs. EYRE and SPOTTISWOODE, East Harding Street, Fleet Street, and Sale Office, House of Lords;
Messrs. ADAM and CHARLES BLACK, of Edinburgh;
Messrs. ALEXANDER THOM and Co. (Limited), or Messrs. HODGES, FIGGIS, and Co., of Dublin.

[C.—4739.] *Price 3½d.*

ARTICLE 32.

Chacune des autres Puissances Signataires s'engage de même, pour le cas où elle exercerait dans l'avenir des droits de souveraineté ou de Protectorat sur quelque partie des eaux du Niger, de ses affluents, embranchements, et issues.

ARTICLE 33.

Les dispositions du présent Acte de Navigation demeureront en vigueur en temps de guerre. En conséquence, la navigation de toutes les nations, neutres ou belligérantes, sera libre en tout temps pour les usages du commerce sur le Niger, ses embranchements et affluents, ses embouchures et issues, ainsi que sur la mer territoriale faisant face aux embouchures et issues de ce fleuve.

Le trafic demeurera également libre, malgré l'état de guerre, sur les routes, chemins de fer, et canaux mentionnés dans l'Article 29.

Il ne sera apporté d'exception à ce principe qu'en ce qui concerne le transport des objets destinés à un belligérant et considérés, en vertu du droit des gens, comme articles de contrebande de guerre.

CHAPITRE VI.—*Déclaration relative aux Conditions essentielles à remplir pour que des Occupations nouvelles sur les Côtes du Continent Africain soient considérés comme effectives.*

ARTICLE 34.

La Puissance qui dorénavant prendra possession d'un territoire sur les côtes du continent Africain situé en dehors de ses possessions actuelles, ou qui, n'en ayant pas eu jusque-là, viendrait à en acquérir, et de même, la Puissance qui y assumera un Protectorat, accompagnera l'acte respectif d'une Notification adressée aux autres Puissances Signataires du présent Acte, afin de les mettre à même de faire valoir, s'il y a lieu, leurs réclamations.

ARTICLE 35.

Les Puissances Signataires du présent Acte reconnaissent l'obligation d'assurer, dans les territoires occupés par elles, sur les côtes du continent Africain, l'existence d'une autorité suffisante pour faire respecter les droits acquis et, le cas échéant, la liberté du commerce et du transit dans les conditions où elle serait stipulée.

《柏林会议总议定书》的法文文本。其中的一个关键条款，即第 34 条，约定：“今后占据目前在其领地外的非洲大陆沿岸地区某领土的国家，……应该向本议定书的签字国呈送与此有关的相应文件及声明。”

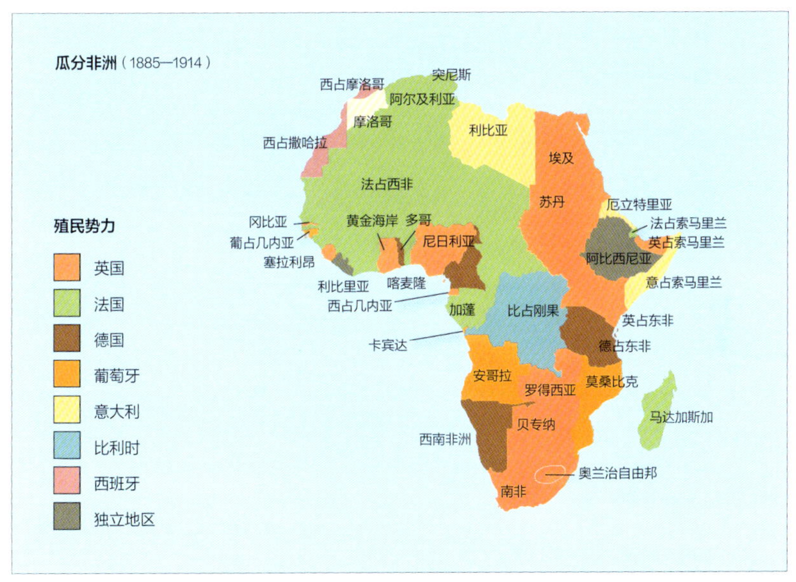


上图：这幅法国漫画说明了一切。俾斯麦主持着切开标有“非洲”的蛋糕

下图：1885 年至 1914 年的“瓜分非洲”地图。非洲只有两个国家成功地保持了独立，即利比里亚和阿比西尼亚（埃塞俄比亚），它们标记为灰色

亨利·莫顿·斯坦利，比利时国王利奥波德二世派这位探险家来管理他的刚果自由邦。斯坦利是否“软化”利奥波德二世实行白人专政的命令，学界一直议论纷纷

的侵略者是占领非洲西南部的德国和占领刚果中部的比利时。当时德国正享受着统一带来的好处，普鲁士首相奥托·冯·俾斯麦精力充沛，他看到了在柏林召开会议的外交优势，试图商定一些开发非洲的规则。他急于发挥自己日益增长的影响力，以平衡英国、法国和葡萄牙在非洲的野心。他说服竞争国家会面，并起草了 1885 年 2 月的《柏林会议总议定书》。俾斯麦得到了比利时国王利奥波德二世的大力支持，利奥波德二世当时刚占领刚果，并收其为个人财产，急于争取别国的认可。

出席柏林会议的代表来自包括美国在内的 14 个[①]在非洲有利益的国家。他们在柏林俾斯麦官邸的大宴会厅举行会议。会中，只有两名代表曾经到过非洲，且没有一个非洲人出席。条约中有两项特别重要的条款。第 6 条强调了各国希望世界相信，他们在非洲殖民是出于

① 编者注：在 1814 年至 1905 年，瑞典和挪威以瑞典－挪威联盟的形式存在，故此处将二者计为 1 个国家。

良好的动机：“在上述地区拥有最高权或势力的各国有责任时刻关心保护土著居民，改善他们的精神和物质状况，特别是帮助消灭奴隶制和买卖黑人。”但《柏林会议总议定书》没有提到土著人民的任何政治权利或人权。接着，列强继续强调，他们“旨在教育土著人，以便土著人能够理解和重视文明的裨益”。

《柏林会议总议定书》的另一个关键条款是第 34 条，该条轻率地说明任何“占据领地”的国家要将其所作所为通知其他签字国，以避免任何误解。同样，这一条也没有承认任何非洲土著的主权。

柏林会议讨论了一系列陈腐的内容，其主要受益者是比利时国王利奥波德二世。他留着大胡子，仪表威严，曾资助过著名的英裔美国记者兼探险家亨利·莫顿·斯坦利。在柏林会议之前的几年里，他曾指示斯坦利说服和哄骗无数非洲部落酋长加入他自己宣称的“伟大慈善事业”：在刚果河上游建立一个国家。国王的助手告诉斯坦利：“不需要给予黑人丝毫政治权力，否则就太荒谬了。”柏林会议实际上承认了利奥波德二世对非洲这片拥有丰富的橡胶和象牙资源的广大地区的控制。会议一结束，利奥波德二世立即将他的领地称为刚果自由邦，他对刚果人民和财富的无情剥削成为国际丑闻。直到 1908 年，利奥波德二世才羞愧地将其交给比利时政府，他对刚果的统治才算结束。一年后，利奥波德二世便去世了。

《柏林会议总议定书》中所约定的事项在不到一个世纪的时间里全部被推翻。到 20 世纪 60 年代，几乎所有的前非洲殖民地都已成为自由、独立的国家。一些国家发展成为民主国家，另一些国家则被独裁者统治。但欧洲短暂殖民时期的遗留问题将永远是激烈争议的主题。

# 32

# 1893 年的新西兰《妇女选举权的请愿书》

这份长达 270 米的请愿书是女性权利史上的一个分水岭。它使新西兰成为第一个在议会选举中给予女性投票权的自治国家，并为全世界的女性选举权开创了先例。

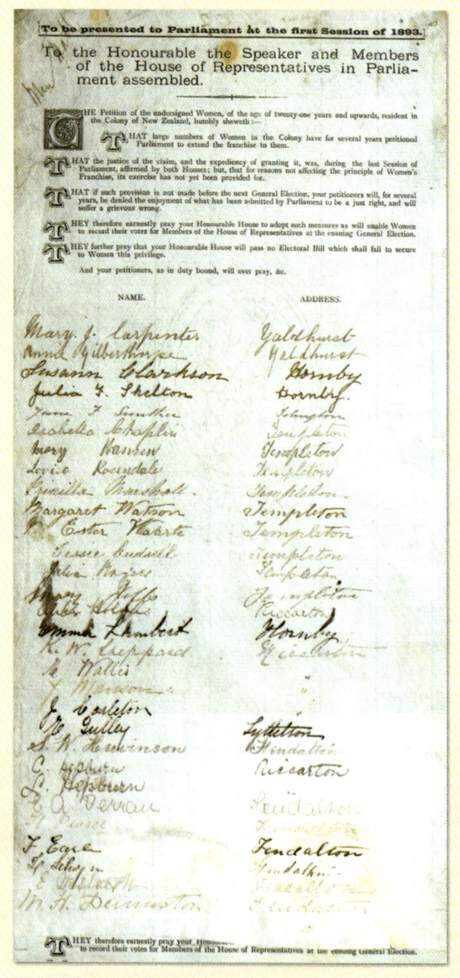

To be presented to Parliament at the first Session of 1893.

To the Honourable the Speaker and Members of the House of Representatives in Parliament assembled.

THE Petition of the undersigned Women, of the age of twenty-one years and upwards, resident in the Colony of New Zealand, humbly sheweth:—

THAT large numbers of Women in the Colony have for several years petitioned Parliament to extend the franchise to them.

THAT the justice of the claim, and the expediency of granting it, was, during the last Session of Parliament, affirmed by both Houses; but, that for reasons not affecting the principle of Women's Franchise, its exercise has not yet been provided for.

THAT if such provision is not made before the next General Election, your petitioners will, for several years, be denied the enjoyment of what has been admitted by Parliament to be a just right, and will suffer a grievous wrong.

THEY therefore earnestly pray your Honourable House to adopt such measures as will enable Women to record their votes for Members of the House of Representatives at the ensuing General Election.

THEY further pray that your Honourable House will pass no Electoral Bill which shall fail to secure to Women this privilege.

And your petitioners, as in duty bound, will ever pray, &c.

NAME. ADDRESS.

THEY therefore earnestly pray your Honourable House to adopt such measures as will enable Women to record their votes for Members of the House of Representatives at the ensuing General Election.

新西兰《妇女选举权的请愿书》上近 32,000 个签名的第一页。请愿书使新西兰成为世界上第一个给予女性议会选举投票权的国家

在这张明信片上，一位骑着现代自行车的年轻女性为进步的新西兰给予女性投票权而喝彩，而英国人还在骑着老式的自行车

1893 年，新西兰众议院（下议院）就提议给予妇女投票权的《选举法案》进行辩论，一份巨大的请愿书在众议院会场上铺开。请愿书中有近 32,000 名女性的签名，占新西兰欧洲女性人口的四分之一。这份由 546 张纸粘在一起的请愿书，要求“女性享有选举权”。

受欧洲和北美运动的启发，新西兰的女性选举权运动始于 19 世纪 70 年代。女性曾经被视为二等公民，最适合操持家务和抚养孩子，但这种日子正在慢慢结束。1878 年至 1887 年间，一些投票权法案或修正案曾被提交到新西兰议会，但都被否决了。反对女性拥有投票权的人贬低女性参政者是提倡“在黑暗中跳跃”的“尖叫姐妹会”，直言女性参政者将女性从“家庭的天使变成坏脾气的老太婆”。

经过凯特・谢泼德等女性的坚定努力，情况才得以改变。她创立了广受欢迎的“基督教妇女禁酒联盟”，该联盟与世界各地的类似组织一样，将贫困、家庭暴力等社会问题归咎于酗酒。谢泼德深信，如果女性有了投票权，她们就能改变社会。谢泼德是一个很有影响力的演说家，她说女性“厌倦了被分配给她们的领域，厌倦了别人说在这个领域之外的任何事情都是没有女人味的”。为了推进她的事业，她撰写文章、游说政治家，最重要的是，她发起了请愿活动。由于当时发明了女性友好型自行车，她的支持者们便骑着脚踏车在全国各地征集签名。1891 年，超过 9000 名女性签署了请愿书。第二年，这个数字翻了一番。1893 年，这份极其重要的请愿书包含了近 32,000 名来自各行各业的女性的签名。看着这份文件，我们可以看到受过良好教育的妇女优雅的笔迹和那些不识字的妇女的“×”。

1891 年和 1892 年，新西兰众议院一致通过了赋予女性选举权的法案，但立法委员会（上议院）的反对者增加了修正案，阻碍了法案的通过。鉴于许多妇女参政论者支持禁酒，那些与酒业有联系的政客就成了强烈的反对者。执政的自由党也担心女性会投票给与他们敌对的保守党。

1893 年 4 月，新西兰众议院又提出了一项支持女性投票的法案。正是在这场辩论中，谢泼德的巨幅请愿书戏剧性地在议院大厅里展开。这份文件是写给“尊敬的议长和众议院议员”的，文件中说，“殖民地[1]的大量妇女多年来一直在向议会请愿”，要求给予她们投票权；除非该法案在即将举行的选举之前获得通过，否则“这些请愿者将在数年内无法享受议会承认的公正权利，并将承受这一严重的错误的后果”。

该法案轻松通过，但仍需在分歧严重的立法委员会获得多数支持。在后来著名的“纽扣孔之战”中，该法案的支持者佩戴白色山茶花，反对者则佩戴红色山茶花。新西兰总理理查德・塞登与酒类游说团体关系密切，决心阻止该法案通过。他知道投票迫在眉睫，就对支持普选权的议员施加压力。他成功地让一位议员改变了主意，但这激

① 编者注：当时新西兰为英国的殖民地。

怒了该法案的两名反对者，他们改变了立场，投了赞成票。1893 年 9 月 8 日，该法案以 20 票对 18 票通过。11 天后，新的《选举法》生效。所有 21 岁以上的英国臣民或土著毛利女性都有投票权。仅仅 10 周后，新西兰就有近 80% 的合格女性选民在选举中行使了她们的新权利。有人警告说，“女选民”会受到“粗鲁、半醉的男人”骚扰。结果，新西兰一家报纸报道说，选举当天的场景“就像一个花园派对”，“女士们的漂亮衣服和她们微笑的脸庞让投票亭熠熠生辉”。

虽然美国的一些州和地区在 1893 年就已经允许欧洲妇女投票，但新西兰是第一个允许她们在议会选举中投票的自治国家。澳大利亚也在 1902 年效仿。1906 年，芬兰成为第一个授予妇女选举权的欧洲国家。美国妇女到 1920 年才在全国范围内获得投票权，而直到 1928 年 21 岁以上的英国女性才拥有投票权。新西兰是为数不多的曾经有过三位女性政府首脑的国家。到访新西兰时，我们觉得自己身处在世界上最稳定、管理最好的国家之一。

1893 年 11 月 28 日，妇女们聚集在一起投票。直到 1919 年，女性才被允许参加议会选举

# 20世纪以后

1903年至今

# 33

# 莱特兄弟的电报

奥维尔 · 莱特和威尔伯 · 莱特是世界上最著名的飞行员。1903 年 12 月，两人在北卡罗来纳州的海滩上进行了首次动力飞行。随后，他们立即给父亲米尔顿 · 莱特主教发了一封电报，自豪地报告了他们的成就。虽然这次飞行持续了不到 1 分钟，但他们的速度达到了每小时近 50 千米。

1909 年，两位航空先驱威尔伯 · 莱特（左）和奥维尔 · 莱特坐在位于美国俄亥俄州代顿市家中的台阶上

Form No. 168.

**THE WESTERN UNION TELEGRAPH COMPANY.**

INCORPORATED

**23,000 OFFICES IN AMERICA. CABLE SERVICE TO ALL THE WORLD.**

This Company **TRANSMITS** and **DELIVERS** messages only on conditions limiting its liability, which have been assented to by the sender of the following message. Errors can be guarded against only by repeating a message back to the sending station for comparison, and the Company will not hold itself liable for errors or delays in transmission or delivery of **Unrepeated Messages**, beyond the amount of tolls paid thereon, nor in any case where the claim is not presented in writing within sixty days after the message is filed with the Company for transmission.
This is an **UNREPEATED MESSAGE**, and is delivered by request of the sender, under the conditions named above.

ROBERT C. CLOWRY, President and General Manager.

**RECEIVED at** 170

176 C KA CS 33 Paid. Via Norfolk Va

Kitty Hawk N C Dec 17

Bishop M Wright

7 Hawthorne St

Success four flights thursday morning all against twenty one mile wind started from Level with engine power alone average speed through air thirty one miles longest 57 seconds inform Press home Christmas . Orevelle Wright 525P

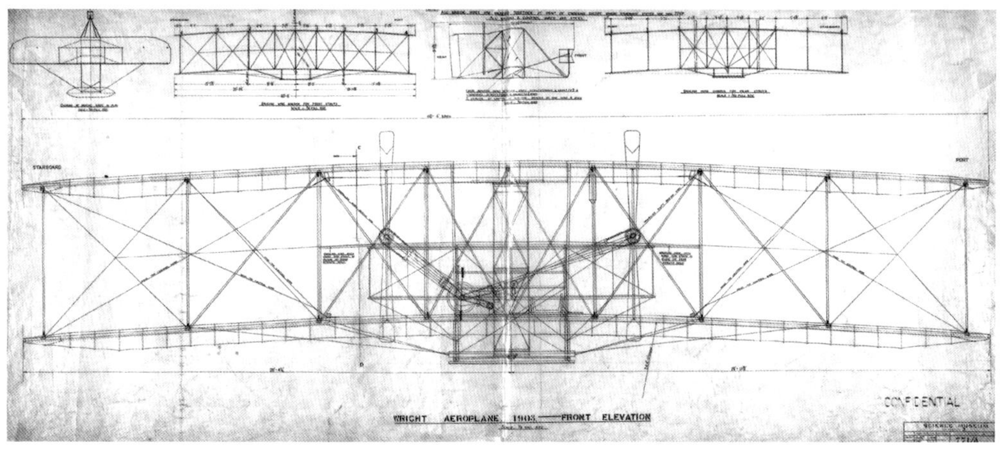


上图：1903 年 12 月 17 日，奥维尔·莱特发给父亲的电报

下图：世界上第一架成功飞行的飞机设计图：两个螺旋桨在机翼后面，升降机在前面。左上角的小图显示的是仰视角度的设计图

1903 年圣诞节的前一周，清晨的北卡罗来纳州的基蒂霍克海滩刮着风。来自俄亥俄州的一对三十多岁的兄弟，在这个海滩上把一个外观怪异的装置拖到两根 20 米长的木杆的后面，并放置于迎风方向。他们用皮带将其固定在地面上，然后轮流爬上去，面朝下趴在两翼下方。机翼是由平纹细布和木架制成：平纹细布覆盖在木架上，跨度刚好超过 12 米。在驾驶员位置的前方是另一个看似脆弱的装置——一个升降机，驾驶员可以用小小的手控杆操纵它升降。驾驶员通过将臀部从一边移到另一边，操控机翼“转弯”，这样一来，一旦飞到空中，他就可以向左或向右倾斜。装置后方安装有一个方向舵防止偏航。驾驶员旁边安装着一台 12.5 马力的汽油发动机，是兄弟俩在自家的自行车店里制造的。发动机带动链条转动两个连接在机翼后面的大型木质螺旋桨。发动机全速运转后，只要一松开皮带，螺旋桨就会“推动”这架原始飞机前进。

这对兄弟是来自俄亥俄州代顿市的奥维尔·莱特和威尔伯·莱特。他们和其他航空先驱一起，在过去几年里一直冒着生命危险驾驶滑翔机，这是他们第一次尝试动力飞行。当天早晨，他们都尝试了三次飞行，每次都只能在空中停留数秒。中午时分，在第四次尝试时，哥哥威尔伯做驾驶员。这是一次创造历史的飞行，这次飞行成功后，奥维尔给他们的父亲米尔顿·莱特主教发了上页图所示的那封著名的电报。威尔伯在空中停留了 57 秒，平均时速达到近 50 千米。他的飞行掀起了航空竞赛的狂潮。奥维尔于 1948 年去世，在此之前就已经有飞行员实现了超音速飞行。

莱特兄弟俩都没有上过大学。他们于 1892 年在代顿开了一家自行车店，掌握机械技能的他们对控制飞行挑战十分着迷。滑翔之所以

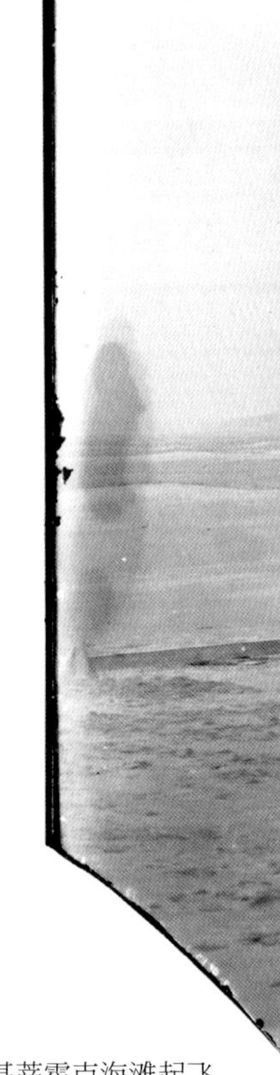

莱特兄弟的飞机在北卡罗来纳州的基蒂霍克海滩起飞。从照片上看，飞机刚刚起飞。我们可以看到飞行员趴在中间，两个螺旋桨在后面旋转

危险，很大程度上是因为滑翔翼很难控制。威尔伯和奥维尔建造了他们自己的风洞，并且开发了各种配置的机翼和方向舵，然后在自制的滑翔机上进行了试验。不久之后，他们和自行车店的机械师查尔斯·泰勒用铝制造了一台发动机，并建造了一架轻巧的飞机，足以支撑发动机和一个人躺着操控飞行。

值得注意的是，兄弟俩把这次成功飞行的消息告诉了当地报社，但报社没有报道。直到 1908 年夏天，奥维尔和威尔伯才闻名于世。他们把飞机带到了法国，在勒芒附近的一个赛马场上进行了演示，吸

引了大批欧洲观众。同年 9 月，奥维尔在美国进行了第一次长达一个多小时的飞行。1909 年夏天，美国总统威廉·霍华德·塔夫脱授予兄弟俩奖章，并将他们的新型双座飞机卖给了美国陆军信号部队。

威尔伯于 1912 年去世，奥维尔后来在航空业担任了多个职务，于 1948 年去世，享年 76 岁。奥维尔曾对一位采访者说："我们希望自己发明的东西能给地球带来持久的和平，但我们错了。"他对第二次世界大战中空袭造成的破坏感到痛心，但他表示，他从不为自己发明了飞机而后悔，因为飞机也为人类做了许多有益的贡献。

奇怪的是，这两位伟大的美国创新者发明了动力飞机，但随着 1910 年后航空业的腾飞，美国却被欧洲甩在了身后。第一次世界大战爆发时，美国没有空军，除了陆军信号部队有几架飞机之外，军队里没有飞机。1917 年美国参战时，几乎完全依靠英法两国提供的战机。到战争结束时，驻欧美军共装备了 6384 架飞机，其中只有 1213 架是美国制造。

飞行行业的发展已经超出了所有人的预期，这是人类努力的奇迹之一。如今，我们可以在一天内飞遍全世界，在不到一周的时间内到达月球。基蒂霍克海滩上的这两个人开始了一场冒险，而这场冒险给人类带来了无限的可能。

# 34

# 弗雷德里克·塔布的加里波利作战日记

弗雷德里克·塔布上尉见证了澳大利亚军事史上决定性的时刻。他的日记真实地记录了1915年在加里波利半岛孤松的野蛮战斗。他写道，他发现自己孤身一人躺在战壕里，战友们都死在他身边，敌方有着压倒性的优势，但他还是没有停止战斗。

弗雷德里克·塔布上尉，加里波利战场的澳大利亚英雄之一。他因其在1915年的行动而获得维多利亚十字勋章

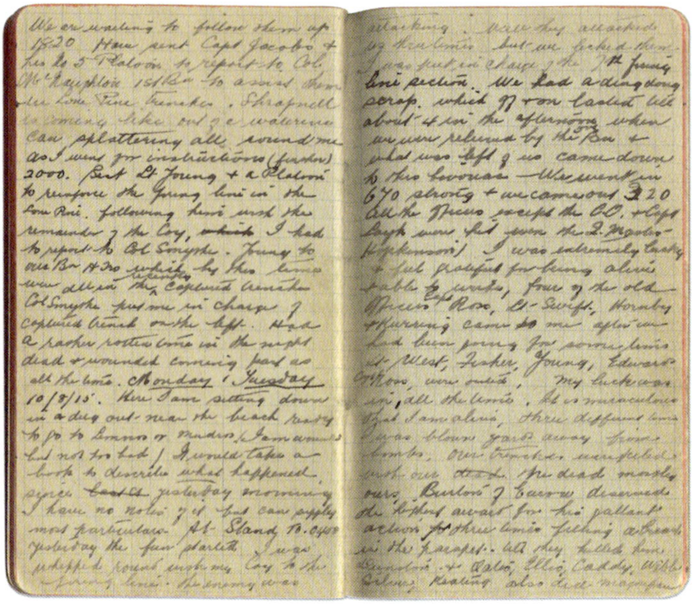

塔布 1915 年 8 月 10 日的日记描述了前一天“发生了一次摩擦，战斗断断续续地持续到下午 4 点左右……”，他接着写道：“我非常幸运，我为自己还活着而心存感激……”

土耳其的加里波利半岛作为军事遗址受到澳大利亚人和新西兰人的崇敬，这在世界上其他军事遗址中并不常见。在第一次世界大战的第二年，这两个前殖民国家第一次作为独立国家参与全面战争，感受战争的残酷。在加里波利半岛，盟军展开了代价高昂的行动。对澳大利亚人来说，一个小小的高原、一棵孤零零的松树，帮他们赢得了特殊的历史地位。正是在那里，1915 年 8 月 6 日至 9 日，在世界上最具灾难性的军事战役之一——加里波利之战中协约国取得了一次罕见的成功。在孤松战役（加里波利之战的一部分）中作战的澳大利亚人表现出了极大的勇气和智慧。他们仅在那次行动中就获得了至少七枚维多利亚十字勋章，而这是英国对勇者的最高级别奖章。来自维多利亚州朗伍德的弗雷德里克·塔布上尉获得了其中一枚。他在日记中写道：“要用一本书来描述当时发生的事情。”

右页图：澳大利亚军队在孤松向土耳其军队发起冲锋。这是加里波利之战中最激烈的战役之一，超过 2300 名澳大利亚人阵亡我们站在曾发生战争的公墓里，被那场残酷斗争的故事所震撼。约 6 万名澳大利亚人参与了加里波利之战，3 万人在 8 个月的作战中伤亡，其中 2300 人便是在孤松战役中牺牲的。

第一次世界大战初期，土耳其与德国结盟，并对英、法、俄及其盟友作战。时任第一海军大臣的温斯顿・丘吉尔说服了英国内阁中的反对者，计划开辟一条新战线，以威胁土耳其的首都君士坦丁堡（今伊斯坦布尔）。澳大利亚和新西兰的部队组成了驻埃及的澳新军团，为丘吉尔 1915 年 4 月从土耳其手中夺取加里波利半岛的计划提供便利的兵源。澳大利亚人和新西兰人登陆的地方就是所谓的澳新军湾，在距离半岛顶端几千米的地方登陆的主要是英国和法国的部队。土耳其人在德国将军利曼・冯・桑德斯的率领下英勇作战，取得了战争的胜利。盟军领导不善，未能充分利用战术机会，最终在 1915 年 12 月和 1916 年 1 月耻辱地撤退。

孤松战役是这个悲惨故事中一个惊人的例外。整个漫长炎热的夏天，澳新军团都被围困在严密的桥头堡里。部队饱受虱子、缺水的困扰，靠着罐头牛肉和饼干挣扎着生存。8 月 6 日，他们最后一次被要求扩大包围圈。为了支持新西兰人在左侧的推进，澳大利亚第一旅越过高原，向仅有几米远的土耳其战壕发起了进攻。他们奉命经过指挥

官三个月前勾画的那棵孤零零的松树，这棵树后来被炮火摧毁了。皇家海军在近海进行大规模炮击，使得土耳其人畏缩在壕沟里。下午 5 时 30 分，当炮击停止时，澳大利亚人一跃而起，冲向土耳其步枪手和机枪手的致命火力。许多澳大利亚人在这场残杀中幸存下来，涌入土耳其人战壕的第一道防线，并进行了疯狂的肉搏战，最终迫使土耳其人退回至第二道防线。但在接下来的三天里，第一轮获胜的澳大利亚军队遭到了猛烈的反击。

塔布占领着一条夺取下来的战壕，战壕里挤满了死伤者，还遭受着持续的炮击。他命令部下堆起路障来保护他们新赢得的战壕，并在土耳其人突围时重建战壕。战士们一次次从角落里越过障碍物甩出手榴弹。他在日记中写道：“我们发生了一次摩擦。我们对着敌人大喊大叫，像打兔子一样把他们打倒了。”他告诉战友们，用毯子捂住土耳其的炸弹，或者把炸弹扔回给敌人。但是，塔布的战友们一个接一个地在混乱中牺牲：“我们许多勇敢的小伙子被炸成了碎片。”他的一个部下捡起一枚土耳其炸弹想扔回去，但炸弹在他的脸上爆炸了。“我们所有的投弹手都战死了，自愿接替他们的战士也都战死了。”土耳其军队炸毁了一个路障并冲了进去，这时，塔布发现军队只剩下自己，但他奋力反击，单枪匹马坚守阵地，直到救援到来。他在作战中伤势严重。撤离后，他写道：“我非常幸运。虽然我受了三次伤，但除了我之外，我们的老七班的所有人都走了。”塔布因其英勇表现而被授予了维多利亚十字勋章。1917 年，他在伊普尔被德国狙击手击毙。

不知何故，澳大利亚人在孤松又坚持了四个月。如今，澳大利亚每年 4 月 25 日都会举行一次黎明仪式，以纪念澳新军团在加里波利经历的那场可怕的战斗。

1915年8月，孤松战壕里的澳大利亚士兵。这张照片被印在了当年的邮票上，深受澳大利亚民众的欢迎

# 35
# 广义相对论

阿尔伯特·爱因斯坦的广义相对论让我们对空间、时间、物质、能量和引力的相互作用有了惊人的新认识。广义相对论被认为是现代物理学中最重要的突破。爱因斯坦的理论影响广泛，因此，《时代》周刊在 1999 年 12 月 31 日将爱因斯坦评为“世纪人物”也就不足为奇了。

$$E = \frac{mc^2}{\sqrt{1-\frac{v^2}{c^2}}}$$

在这个方程式中，爱因斯坦用“*E*”（能量）代替了“*L*”（光能）。后来，他重新排列了变量，形成了著名的 $E=mc^2$

1905 年，一位在瑞士的伯尔尼专利局工作的 26 岁籍籍无名的技术人员向一家科学杂志提交了四篇论文。这个年轻人就是爱因斯坦，他凭借这些论文被世人誉为天才。其中一篇论文揭示了他的狭义相对论，打破了“把时间和空间视为独立和绝对的”的传统观念。爱因斯坦宣称，对观察者来说，任何真实的物理规律在所有惯性系中应形式不变，长度和时间会因观察者运动状态的变化而变化。他借助“思想实验”——用现实生活的场景来解释科学定律，得出了这个惊人的结论。例如，他想象一个人在高速行驶的火车上，另一个人在站台上。

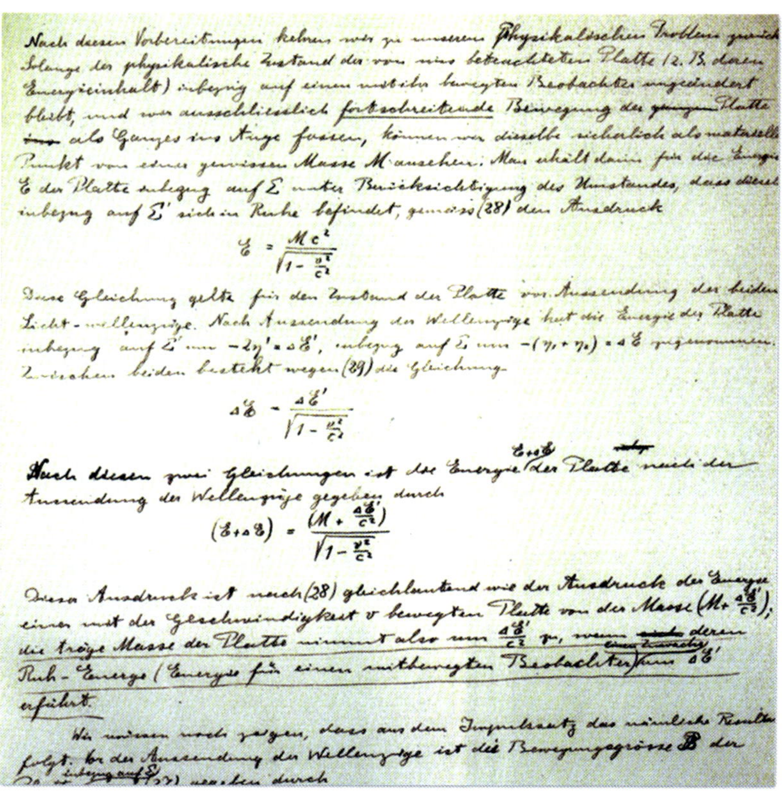

Nach diesen Vorbereitungen kehren wir zu unserem physikalischen Problem zurück. Solange der physikalische Zustand der von uns betrachteten Platte (z. B. deren Energieinhalt) inbezug auf einen relativ bewegten Beobachter ungeändert bleibt, und wir ausschliesslich fortschreitende Bewegung der Platte als Ganzes ins Auge fassen, können wir dieselbe sicherlich als materiellen Punkt von einer gewissen Masse M ansehen. Man erhält dann für die Energie $\mathcal{E}$ der Platte inbezug auf $\Sigma$ unter Berücksichtigung des Umstandes, dass dieselbe inbezug auf $\Sigma'$ sich in Ruhe befindet, gemäss (28) den Ausdruck

$$\mathcal{E} = \frac{Mc^2}{\sqrt{1-\frac{v^2}{c^2}}}$$

Diese Gleichung gelte für den Zustand der Platte vor Aussendung der beiden Licht-wellenzüge. Nach Aussendung der Wellenzüge hat die Energie der Platte inbezug auf $\Sigma'$ um $-2\eta' = \Delta\mathcal{E}'$, inbezug auf $\Sigma$ um $-(\eta_1+\eta_2) = \Delta\mathcal{E}$ zugenommen. Zwischen beiden besteht wegen (29) die Gleichung

$$\Delta\mathcal{E} = \frac{\Delta\mathcal{E}'}{\sqrt{1-\frac{v^2}{c^2}}}$$

Nach diesen zwei Gleichungen ist die Energie $\mathcal{E}+\Delta\mathcal{E}$ der Platte nach der Aussendung der Wellenzüge gegeben durch

$$(\mathcal{E}+\Delta\mathcal{E}) = \frac{(M+\frac{\Delta\mathcal{E}'}{c^2})}{\sqrt{1-\frac{v^2}{c^2}}}$$

Dieser Ausdruck ist nach (28) gleichlautend wie der Ausdruck der Energie einer mit der Geschwindigkeit v bewegten Platte von der Masse $(M+\frac{\Delta\mathcal{E}'}{c^2})$; die träge Masse der Platte nimmt also um $\frac{\Delta\mathcal{E}'}{c^2}$ zu, wenn deren Ruh-Energie (Energie für einen mitbewegten Beobachter) um $\Delta\mathcal{E}'$ erfährt.

Wir müssen noch zeigen, dass aus dem Impulssatz das nämliche Resultat folgt. Vor der Aussendung der Wellenzüge ist die Bewegungsgrösse $\mathfrak{B}$ der

爱因斯坦于 1916 年 5 月 11 日发表的《广义相对论》的手写稿件。在文件上，我们可以看到爱因斯坦最著名的方程式

上图：为了说明质量对时空曲率的影响，实验将一个较重的球放在橡胶板上

下图：在一个“思想实验”中，爱因斯坦想象两个人看到闪电击中一列火车的两端。他意识到，时间受一个人是移动还是静止的影响

当火车中间经过站台上的人时，闪电击中了火车的两端，站台上的人必是同时看到两道闪电。然而，火车上的人必是先看到前面的闪电，然后才看到后面的闪电，因为火车是向前移动的，所以前面闪电的移动距离较小。同样的事件——闪电击中火车的两端——从站台上看是同时发生的，但从火车上看就不是。因此，“同时”是一个相对概念！对爱因斯坦来说，这意味着时间和空间交织在一起，构成了所谓的“时空”。他还假设，没有任何东西的速度能超过光速（每秒 299,792 千米）。他提出了世界上最著名的方程式 $E=mc^2$（$E$ 是能量，$m$ 是质量，$c$ 是光速），证明了质量和能量之间有着深层的等价关系。因为光速是一个很大的数字,因而即使是很小的质量也可以转化为巨大的能量。

但他的理论中缺少了一些东西：引力。1687 年，牛顿提出万有引力定律。定律指出，引力是一种无形的力量，它能把两个物体吸引在一起。物体距离越远，引力越小。爱因斯坦则打破了这个观点，但他的发现过程听起来十分简单：“我坐在伯尔尼专利局的椅子上，突然间产生了一个念头——如果一个人自由下落，他就不会感觉到自己的重量。我大吃一惊，由此让我想到了引力理论。”一个坠落的人在一个处于自由落体状态的电梯内，此时的他没有重量，分不清自己是在坠落还是在太空深处，这让爱因斯坦相信，加速度和引力场是等同的。他后来称这是“我一生中最快乐的想法”。

1916 年，爱因斯坦发表了《广义相对论》，记录了自己进一步的发现。其中，《广义相对论》提出，所有大质量的物体都会在时空中造成“弯曲”，这一理论首次把引力场等效成时空的弯曲。通常用来解释这个复杂概念的一个例子是，拿一张橡胶板，在上面放一个较重的球，球的重量会使橡胶板产生凹陷。所以当一颗较轻的弹珠在橡

1921 年，爱因斯坦在维也纳发表演讲，这一年他获得了诺贝尔奖。奇怪的是，他不是因为相对论而获奖，而是因为他“发现了光电效应定律”

胶板上滚动时，它并不是直线运动，而是绕着较重的球滚动。这样移动的弹珠，看起来就像是被吸引了一样，正如地球看起来像是被太阳吸引了一样。爱因斯坦认为，来自遥远恒星的光束在经过太阳附近弯曲的时空时，也一定是沿着弯曲的轨迹行进的。1919 年，科学家们通过观测日食证实了爱因斯坦的计算。之后有人问爱因斯坦，如果他的理论被证明是错的，他会怎么样？爱因斯坦直截了当地回答说："我会为亲爱的上帝感到遗憾，因为这个理论是正确的。"

爱因斯坦另一个反直觉的认识是，时间也会受到质量的影响。越靠近像地球这样的大质量物体，时间流逝的速度就越慢。因此，山顶上的时钟比海平面上的时钟走得稍微快一些，这意味着，人们居住的地方越高，他的实际寿命就会越短。

很快，他的理论就得到学界的推崇，而他也成了科学英雄。爱因斯坦年幼的儿子曾问他为什么这么出名,爱因斯坦则用一个思想实验，来解释自己如何发现引力场等效于时空的弯曲。他说，一只盲甲虫走在弯曲的树枝上时，不会注意到曲线,而"我很幸运地注意到了甲虫没有注意到的东西"。

广义相对论让我们对宇宙有了新的、更宏大的理解。它解释了从恒星的起源到黑洞的各种现象。广义相对论已被用于制造核武器和发电站，并用于识别遥远星系的质量。由于爱因斯坦的理论，全球定位系统（GPS）会考虑地球的引力场，从而精确地定位并引导我们到达目的地。

爱因斯坦的发现还有很多，我们无法一一列举。不过，就算无法完全理解爱因斯坦的科学成就，依然不妨碍我们惊叹于他的理论给我们的生活带来的改变。

# 36

# 伍德罗·威尔逊的“十四点和平计划”

第一次世界大战结束之前，时任美国总统的伍德罗·威尔逊以速记的方式匆匆写下了“十四点和平计划”的初稿，极富远见。1918年1月，威尔逊在美国国会发表了关于和平计划的著名演讲。一年后，在凡尔赛宫召开的巴黎和会上，威尔逊提出了自己的计划。他希望该计划能创造一个更公平、更和平的新世界。

1918年1月，伍德罗·威尔逊在美国国会发表演讲，阐述了他对德国的和平计划和新的国际联盟计划

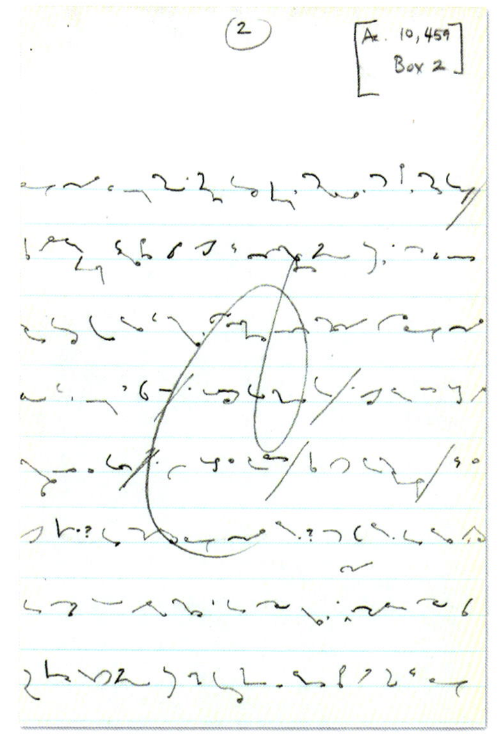


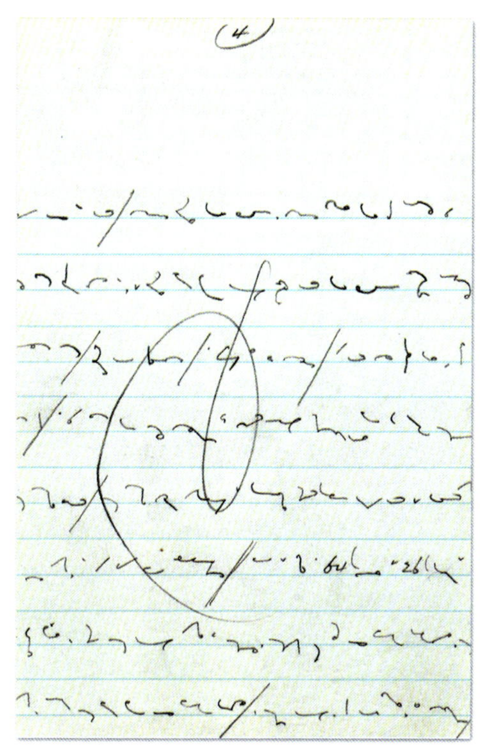


美国虽然较晚参加第一次世界大战，但是产生了决定性的影响。美国的总统伍德罗·威尔逊在随后的巴黎和会上发挥了关键作用。这位美国总统是一位民主党人，长相端正、举止庄重，既理想主义，又固执自大。他承诺美国将在 1917 年春天加入对德战争，但反对强加惩罚性的和平条款。1918 年 1 月，即战争结束前 10 个月，威尔逊向美国国会提出了“十四点和平计划”，计划中提到若德国战败，美国并不会提出苛刻的要求。威尔逊是一个充满激情的自由国际主义者，他的“十四点和平计划”包括：公开订立和平条约，无秘密外交；公海航行绝对自由，取消国家间的经济障碍并建立贸易平等条约；德国

上图：威尔逊演讲的速记原稿，详细介绍了他的“十四点和平计划”。他学习速记是因为他认为这样效率更高

1919年6月28日，《凡尔赛和约》在镜厅签署。桌边正中从左至右：意大利总理维托里奥·奥兰多（左四）、美国总统伍德罗·威尔逊、法国总理乔治·克里孟梭和英国首相戴维·劳合·乔治

从战争期间占领的领土上撤离。并且，他拒绝对德国进行任何报复:“我们不希望以任何方式削弱德国的合法影响力或权力。”威尔逊希望德国拥有平等的地位，而不是受别国的主宰。他还宣布了他的国际联盟计划——联合国的前身，其理事会只能通过一致投票做出决定，俄罗斯和德国将暂时被排除在外。历史表明，威尔逊过于雄心勃勃，但他也在坚定不移地追求着梦想。

其他国家政府和美国知名人士对美国总统的和平计划褒贬不一。前总统共和党人西奥多·罗斯福将威尔逊的“十四点和平计划”斥为“毫无意义……外交废纸篓里多了一个废品”。对战败的德国来说，以威尔逊的原则为基础的和平前景是具有吸引力的。对欧洲一些冷静精明的战胜国，特别是法国来说，威尔逊这种思想是危险且脆弱的，因为他们的国家已经被战争破坏了。法国老兵、总理乔治·克里孟梭对德国恨之入骨，他吩咐在他死后，要把他站着安葬，面朝着德国边境。在他看来，威尔逊对德国的和解态度骇人听闻，过于“圣母”。他说:“与威尔逊交谈就像与耶稣基督交谈一样。”另一位调解者，英国首相戴维·劳合·乔治则认为威尔逊和蔼可亲、直截了当，但也“缺乏策略、固执、自负”。即便如此，英国首相劳合·乔治和法国总理克里孟梭都大体赞同威尔逊的和平计划。

无论其他调解者如何看待威尔逊的“十四点和平计划”，都没有人怀疑美国在谈判桌上占据主导地位的权利。美国在第一次世界大战中损失了5.3万人，远远少于法国的100万和英国的75万，但美国对胜利的军事和财政贡献得到了广泛认可。1918年12月13日，即停战一个月后，威尔逊抵达欧洲，受到了民众的热烈欢迎。当威尔逊与其他三位关键的和平谈判代表——劳合·乔治、克里孟梭和意大利

总理维托里奥·奥兰多一起在巴黎开始正式谈判时，作为国家元首的威尔逊得到了一个比其他人高一点的席位。

经过长达 5 个月的充满敌意的讨论，分歧出现了。英国和美国就海军的规模以及如何处理在苏格兰斯卡帕湾没收的德国军舰争论不休。在和平协定签署的前一周，德国舰队的军官们为了防止舰队落入敌人之手，自行将军舰凿沉，使得紧张局势得以缓和。威尔逊坚决反对法国和英国向德国要求的巨额经济赔偿。他认为法国要求的 440 亿英镑（当时为 2200 亿美元）是其需要的 10 倍之多。威尔逊的“十四点和平计划”明确表示，他不满别国剥夺德国的领土，但克里孟梭希望法国占有莱茵兰和萨尔煤矿区。这个问题一度让法国总理气得走出

上图：在巴黎签署和约的四国最高领导人。从左至右：劳合·乔治、奥兰多、克里孟梭和威尔逊

了会议室。最后，威尔逊和克里孟梭都在主要问题上做出了妥协。莱茵兰由协约国军队占领 15 年，而萨尔煤矿区的居民——主要是讲德语的居民，获准在 1935 年就归属问题进行投票。结果，他们压倒性地选择了德国。

威尔逊的“十四点和平计划”中关于建立国际联盟的计划，是为了加强普遍和平与安全的一次伟大尝试，虽然劳合·乔治和克里孟梭对它兴趣寥寥，但它在欧洲和其他地区还是受到普遍欢迎的。不过，1920 年 1 月成立的国际联盟寿命很短。显然，它没能维持 1931 年中国东北地区的和平、1935 年埃塞俄比亚的和平，也没能阻止第二次世界大战。最终它在 1946 年被抛弃，被联合国所取代。

讽刺的是，美国是少数拒绝加入该联盟的国家之一。尽管威尔逊不厌其烦地宣扬联盟的优点，但它还是未能在参议院获得通过。1919 年 10 月，威尔逊从巴黎回来后仅三个月就患上了中风，并于 1924 年去世。我们认为与凡尔赛宫的所有其他调解者一样，威尔逊已经尽了最大努力，把 20 年后第二次世界大战的灾难归咎于他或其他调解者是不公平的。他的人道主义精神和他的“十四点和平计划”是能够在和平进程的历史上占有一席之地的。

# 37

# 可可·香奈儿的草图

可可·香奈儿改写了时尚，革新了现代女性的着装方式。她标志性的小黑裙、经典的无领套装和带有创新肩带的手提包，无不彰显着简洁、舒适和优雅。她无可争议的才华、白手起家的故事和不平凡的爱情生活使她成为 20 世纪的偶像。

1926 年 10 月，美国 *VOGUE* 杂志刊登了香奈儿小黑裙的草图。编辑们将其命名为“福特裙”，预言它将与福特 T 型车一样受欢迎

1936 年的香奈儿，当时她的高级定制时装公司雇用了 4000 名员工。三年后，第二次世界大战爆发，她暂停了自己的生意。她说："这不是时尚的时代。"

“我不追逐时尚，我就是时尚。”可可・香奈儿拥有天赋，性格直率。她还颇有“夸大其词”的天赋，生于 1883 年的她，自称 1893 年出生。香奈儿 12 岁时母亲去世，贫困的法国父亲将香奈儿和她的姐妹们送进了孤儿院。她后来回忆说，在那段艰难的日子里，她和两个宠爱她的阿姨一起度过了田园生活。正是在孤儿院里，加布里埃・博纳尔・香奈儿（本名）学会了刺绣、缝纫和熨烫，这些技能帮助她成为历史上最著名的时装设计师之一。

香奈儿曾经想成为一名演员。她开始做的是歌舞表演，在那里她获得了“可可”的绰号。所幸，香奈儿不会唱歌，于是在 1913 年，一个富有的英国情人亚瑟・卡佩尔提出要让她做生意时，她便在时尚的海滨城市多维尔开了一家帽子店。香奈儿的设计很快就从帽子拓展到毛衣、西服和连衣裙。她选用了传统上用于男士内衣的机织材料来制作这些衣服。她设计的衣服舒适、实用，从当时流行的女式紧身胸衣和复杂的衬裙中脱颖而出。香奈儿的口号是“奢华必须舒适”，这成了女性的口头禅，她们希望穿上剪裁得体的衣服，在日常活动中看起来更漂亮且行动更自由。《时尚芭莎》等时尚杂志宣称：“一款香奈儿都没有的女人已经彻底落伍了。”

1919 年，香奈儿在巴黎开了一家高级时装店。在这里，她创造了经典的粗花呢套装、别致且仍然流行的绗缝包，以及 *VOGUE* 杂志所称的“福特裙”。根据该杂志的说法，这条“全世界都会穿的连衣裙”之于时尚界，就如同福特 T 型车之于运输业。可可・香奈儿彻底解放了女性的轮廓，为女性提供了她们喜欢的现代服装和配饰。她还成为第一位以与众不同的瓶子销售自己香水的设计师。

不知为何，在繁忙的商业生活中，香奈儿却能抽出时间去处理情

1919年的香奈儿日礼服。香奈儿表示，她在设计礼服时的经验法则是：“我自己会穿吗？如果答案是否定的，我就不做。”

事。她的情人包括巴勃罗·毕加索、伊戈尔·斯特拉文斯基、德米特里·巴甫洛维奇大公和威斯敏斯特公爵。据说公爵向她求婚的时候，她傲慢地拒绝了：“威斯敏斯特的公爵夫人已经有好几位了，但香奈儿永远只有一个。”

然而，“二战”期间，香奈儿与德国外交官汉斯·冈瑟·冯·丁克拉格男爵在巴黎有过一段婚外情，这差点儿毁掉了她的声誉和她的商业帝国。战争迫使她关闭了店铺，她搬进了丽兹酒店，而这也是德国高级军官的住所。法国情报文件显示，香奈儿曾与冯·丁克拉格合作，为德国人从事间谍活动。文件将她描述为一个赞扬过希特勒的“恶毒反犹太主义者”。文件还详细描述了她参与“模特帽”行动的情况，这个计划是让香奈儿在1944年会见英国首相温斯顿·丘吉尔。她在还是威斯敏斯特公爵的情人时就认识了丘吉尔，她的任务就是劝说丘吉尔与德国进行和平谈判，但这次会面从未发生。战后，香奈儿否认曾与德国人合作，并迅速离开法国，前往瑞士居住。

1954年，已经七十多岁的香奈儿回到巴黎，重新开起了自己的时装店，原因就像她对朋友说的那样，因为她“快无聊死了”。但法国媒体并没有给予她热烈的欢迎，因为“二

1928 年，香奈儿与温斯顿·丘吉尔和他的儿子伦道夫在狩猎时的合影。她通过威斯敏斯特公爵结识了丘吉尔。香奈儿与威斯敏斯特公爵有过十年的恋情

战”期间，她与德国人的亲密关系玷污了她的声誉。不过，世界其他地方的时尚编辑们还是张开双臂欢迎香奈儿的再度亮相。当他们看到她的经典套装的更新版——精美的无领夹克和优雅的喇叭裙时，赞誉就纷至沓来。可可 · 香奈儿再次成为时尚界无可争议的“第一夫人”。

1971 年年初，87 岁高龄的香奈儿仍在努力筹备春季系列时装。1 月 10 日，与朋友散步后，香奈儿在丽兹酒店的床上去世。她最后对女仆说：“你看，你以后就会这样死。”

可可·香奈儿的一生在戏剧、电影和书籍中得以不朽。凯瑟琳·赫本主演的音乐剧《可可》在百老汇上演。这位乐于将自己描述为“一个简单的小裁缝”的女人留下的最大遗产，也许就是她的时装品牌和以她名字命名的产品的持久成功。

# 38
# 《安妮日记》

“二战”期间，约有 600 万犹太人在大屠杀中丧生；安妮 · 弗兰克代表了这些犹太人的心声。安妮在 1942 年至 1944 年躲避纳粹时写下了《安妮日记》，向世人诉说了真相。作为 20 世纪最著名的文件之一，《安妮日记》已被译成 70 种语言，销量超过 3000 万册。

1941 年 12 岁的安妮 · 弗兰克。德国入侵荷兰后，犹太人被禁止进入非犹太人学校。她曾就读于阿姆斯特丹的犹太学校

在我们参观阿姆斯特丹的安妮·弗兰克之家时，那里给我们留下了深刻的第一印象：房间里没有家具。1944 年 8 月，盖世太保发现安妮和她的家人躲在一个秘密的附属建筑“后屋”里，于是将家具和其他所有贵重物品一起搬走了，只留下了些许痕迹诉说着他们曾经隐秘的生活：一张海报挂图，安妮的父亲在上面记录了他正在成长的女儿们的身高；安妮房间墙上贴着的电影明星的照片；还有一面镜子，在镜子里她可以看到夜空。安妮在躲避纳粹时写的日记被小心地保存在一个玻璃柜里。对于读过她作品的人来说，这间房子让人觉得无比熟悉。

1942 年 6 月 12 日，安妮收到了她 13 岁的生日礼物——一本红白相间的日记本。最初的几篇日记记录了欢快的女学生八卦，但在 7 月 8 日，她写道：“整个世界突然天翻地覆！”她的犹太父母带着安

上图：安妮 1942 年 10 月的日记，日记中包含了信件、照片和新闻，内容是关于犹太朋友“一批一批地被抓走。盖世太保对这些人毫不留情。他们被装在运牲口的车厢里……”

位于阿姆斯特丹的安妮·弗兰克之家，现在是一座博物馆，安妮一家曾躲在大楼后面的秘密附属建筑“后屋”里

妮和姐姐玛戈特躲藏起来，以免被送往集中营。

1933 年希特勒上台后，弗兰克夫妇从德国搬到了阿姆斯特丹。奥托·弗兰克事业有成，但在 1940 年德国入侵荷兰后，他受到了严重的新反犹太法的迫害。为了避免自己的公司被没收，他把公司的所有权转让给了非犹太人的朋友。从 1942 年 7 月 9 日到 1944 年 8 月 4 日，这些朋友为弗兰克一家提供了食物，并把他们安置在一个 46 平方米的房间里，奥托曾经就是在这里做生意。

安妮的日记为我们详尽地描述了隐藏在旋转书架后面狭窄房间里的生活。范丹先生一家三口加入了弗兰克家的藏身之处，随后是牙医杜赛尔。他带来了犹太人被围捕并送往死亡集中营的悲惨消息：“……

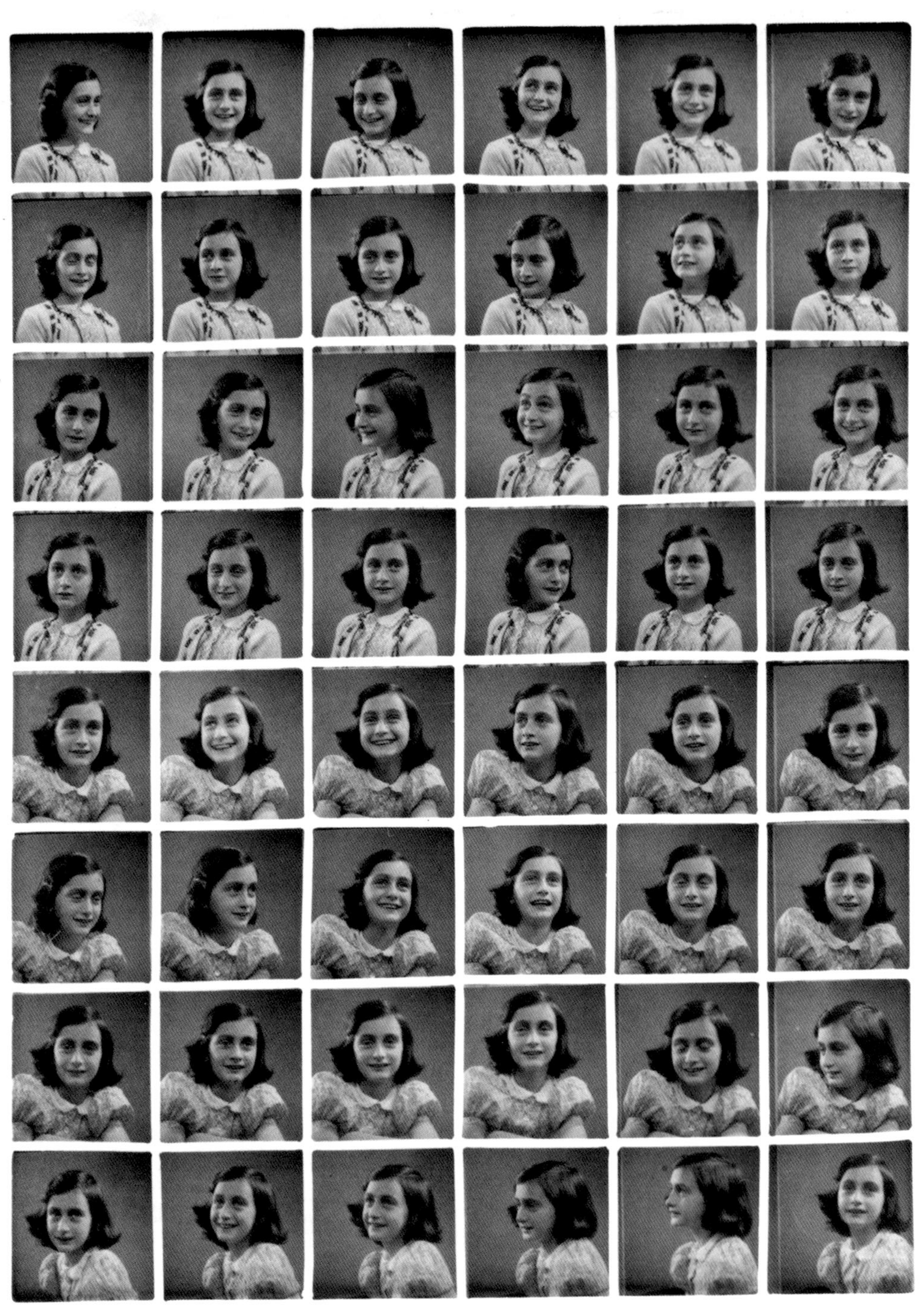

安妮的护照照片。在躲起来之前，她的父亲申请了美国移民签证。1940 年，德国人轰炸了美国驻鹿特丹领事馆，他的申请因此被毁

上图：1941 年，弗兰克一家外出游玩。一年后，他们开始躲避纳粹

下图：旋转书柜，它是通往秘密附属建筑“后屋”的入口。奥托·弗兰克值得信赖的前雇员为他们提供食物，并带来外面的消息

他讲的事情如此恐怖、如此残暴，使人久久难忘。”安妮还叙述了被关在一个封闭的地方的紧张感。“整个屋子都吵翻天了。” 她抱怨说，只能“透过布满灰尘的窗帘，贴在积满尘土和挂着肮脏窗帘的窗户”看到外面的世界，但是，“有时想到我们在这里怎样生活，我总是得出结论：和那些没有藏匿的犹太人相比，我们这儿就像是天堂”。1944 年 6 月 6 日，她从英国广播公司听到诺曼底登陆的消息，写下了内心的喜悦。“反攻已经开始。后屋一片沸腾！向往已久的解放难道真的快要来临？……希望在鼓舞我们，重新给我们勇气，使我们又坚强起来……可怕的德国人压迫我们，把刀架在我们的脖子上这么久，朋友和得救就是我们的一切……玛戈特说，也许我在 9 月或 10 月就又可以上学了。”

除了对躲藏中的日常生活进行有趣的评论外，安妮还分享了她的秘密。其中最令人伤感的莫过于她对彼得日益增长的喜爱之情。1942 年

8 月 21 日，她形容她的十几岁的同伴“敏感又懒惰”。到了 1943 年 3 月 4 日，“彼得很可爱”；1944 年 4 月 16 日，他们第一次接吻后，安妮“高兴得说不出话来”。

1944 年 8 月 4 日，一名盖世太保军官和荷兰安全警察在接到可能的密报后突袭了这间“后屋”，安妮的日记中断，这段萌芽中的恋情也戛然而止。所有人都被带到阿姆斯特丹的一所监狱，然后转移到韦斯特博克中转营。9 月 3 日，他们与其他 1000 多人一起离开，这是最后一批离开韦斯特博克前往波兰奥斯维辛的犹太人。安妮的母亲埃迪特在那里死于饥饿。1944 年 10 月，安妮和她的姐姐被转移到德国的贝尔根－贝尔森集中营。1945 年 4 月 15 日，英军解放了该集中营，姐妹俩在几周前就都死在了这个集中营里，死因可能是斑疹伤寒。

奥托是这个家庭中唯一在大屠杀中幸存的成员。战后，他回到阿姆斯特丹。一位曾暗中照顾他们一家的忠实朋友将安妮的日记和一捆笔记交给了他，这位朋友在警察突袭后发现这些文件散落在他们房间的地板上。奥托花了两年时间才找到出版商，而这本书现在已经成为世界上最畅销的图书之一。

1944 年 4 月 5 日，安妮在日记中写道：“我一提笔就忘掉一切。我的愁闷消失了，我的勇气又产生了。可是——这是个大问题——我会写出什么伟大的作品来吗？”答案当然是肯定的。

# 39
# 爱因斯坦的曼哈顿计划信件

第二次世界大战开始前一个月，世界著名物理学家阿尔伯特·爱因斯坦给美国总统富兰克林·罗斯福写了一封信，敦促他考虑研制原子弹。信中指出，德国已经意识到这种武器的潜力。这封信促使曼哈顿计划启动，该计划制造的武器摧毁了日本的广岛和长崎，加速了“二战”的结束。

环绕着蘑菇云的曼哈顿计划徽章

田纳西州橡树岭的气体扩散工厂，这里生产了投向广岛的那颗原子弹的放射性材料

Albert Einstein
Old Grove Rd.
Nassau Point
Peconic, Long Island

August 2nd, 1939

F.D. Roosevelt,
President of the United States,
White House
Washington, D.C.

Sir:

Some recent work by E.Fermi and L. Szilard, which has been communicated to me in manuscript, leads me to expect that the element uranium may be turned into a new and important source of energy in the immediate future. Certain aspects of the situation which has arisen seem to call for watchfulness and, if necessary, quick action on the part of the Administration. I believe therefore that it is my duty to bring to your attention the following facts and recommendations:

In the course of the last four months it has been made probable - through the work of Joliot in France as well as Fermi and Szilard in America - that it may become possible to set up a nuclear chain reaction in a large mass of uranium,by which vast amounts of power and large quantities of new radium-like elements would be generated. Now it appears almost certain that this could be achieved in the immediate future.

This new phenomenon would also lead to the construction of bombs, and it is conceivable - though much less certain - that extremely powerful bombs of a new type may thus be constructed. A single bomb of this type, carried by boat and exploded in a port, might very well destroy the whole port together with some of the surrounding territory. However, such bombs might very well prove to be too heavy for transportation by air.

res of uranium in moderate
and the former Czechoslovakia,
s Belgian Congo.
k it desirable to have some
inistration and the group
America. One possible way
t with this task a person
s serve in an inofficial
ing:
keep them informed of the
ndations for Government action,
f securing a supply of uran-

hich is at present being car-
University laboratories, by
through his contacts with
ributions for this cause,
and perhaps also by obtaining the co-operation of industrial laboratories which have the necessary equipment.

I understand that Germany has actually stopped the sale of uranium from the Czechoslovakian mines which she has taken over. That she should have taken such early action might perhaps be understood on the ground that the son of the German Under-Secretary of State, von Weizsäcker, is attached to the Kaiser-Wilhelm-Institut in Berlin where some of the American work on uranium is now being repeated.

Yours very truly,
A. Einstein
(Albert Einstein)

爱因斯坦在信中告诉罗斯福，最近的核研究取得了很大的进展，“因此可以制造出威力极大的新型炸弹”。在最后一段，他警告说，德国人也在进行同样的研究

1945 年 8 月 6 日，广岛上空的蘑菇云。美国这颗原子弹的爆炸威力相当于 15,000 吨 TNT（三硝基甲苯）炸药

核武器对和平的破坏力给世界的和平未来蒙上了最大的阴影。有一个人在核武器的发明中发挥了重要作用，他就是阿尔伯特·爱因斯坦。爱因斯坦并不是美国第一颗原子弹设计小组的成员，但正是他写的信警告了富兰克林·罗斯福总统这种武器可能会具有巨大威力，进而促进了原子弹研究的发展。

1911 年，欧内斯特·卢瑟福揭示了原子由更小的粒子组成。卢瑟福的后继者继续发现原子的核心是原子核，由若干质子和中子组成。原子核包含的质子和中子越多，其质量就越大，且最重的元素之一——铀的性质非常不稳定。到 1939 年，科学家们意识到，铀核的分裂——一种被称为核裂变的行为，将引发连锁反应，产生前所未有的能量，其威力将是普通炸弹的上千倍。

美籍匈牙利核物理学家利奥・西拉德和美籍意大利物理学家恩利科・费米在美国哥伦比亚大学进行深入研究。他们担心，在希特勒日益猖狂的纳粹德国，科学家们也有可能取得这一突破，于是他们决定将此事提请美国政府注意。他们认为，爱因斯坦是给美国总统写信的最好人选，爱因斯坦也同意了。于是，西拉德起草了这封信，爱因斯坦于 1939 年 8 月 2 日在上面签字。确保罗斯福会读到这份文件的最好办法，是让总统的一名工作人员把文件递给他。罗斯福的经济顾问之一亚历山大・萨克斯同意实施该计划。由于战争的爆发，萨克斯等了两个月才接触到总统。10 月 11 日，萨克斯在总统办公室给罗斯福读了这封信。总统立刻做出了回应，他给爱因斯坦回信说，这封信促使他成立了一个委员会，来“认真研究关于铀元素的建议是否可行”。

罗斯福对项目的热情推动了这项科学研究的发展。1942 年夏天，总统将控制权移交给美军，美军在纽约市建立了曼哈顿工程区，项目也被称为曼哈顿计划。这一项目得到了《莫德报告》的推动，该报告是英国科学家与美国盟友分享的绝密发现。这些发现表明，铀 -235 的临界质量约为 10 千克，10 千克铀 -235 就会产生巨大的爆炸，完全可以做成炸弹，重量轻到可以带上飞机。生产能够赢得战争的武器的竞赛已经开始。钱不是问题，重要的是时间。从 1942 年冬天开始，当希特勒正处于权力的巅峰时期，美国向曼哈顿计划投入了 20 亿美元。在罗伯特・奥本海默的科学管理和莱斯利・格罗夫斯上校的军事

1945 年，秘密的洛斯阿拉莫斯实验室负责人奥本海默教授和曼哈顿计划主管格罗夫斯上校在检查第一颗原子弹的试验塔残骸

指挥下，军队在田纳西州的橡树岭和华盛顿州的汉福德建立了大规模的生产设施，并在新墨西哥州的洛斯阿拉莫斯建造了一个试验场。

第一次原子弹试验是在 1945 年 7 月进行的。1945 年 8 月 6 日和 8 月 9 日，美国分别在广岛和长崎投下原子弹，结束了对日战争。灾难的规模和人员的伤亡改变了人们对战争的看法。从那时起至今，世界其他国家便加入了制造核武器的热潮。虽然核威胁在很大程度上阻止了一些国家冒险发动大规模战争，但某些政府或组织能够利用核武器引发灾难，这让人们愈发感到担忧。

爱因斯坦在 1955 年去世之前，预测了核武器的危险性。他谴责使用原子弹对付日本，并对自己写给罗斯福总统的信表示遗憾："如果我知道德国人没有成功研制出原子弹，我就不会参与。"

# 40
# 诺曼底登陆地图

诺曼底登陆是西方盟军在第二次世界大战中取得的最大胜利。这张盟军进攻地图是由英国陆军总参谋部地理科（GSGS）绘制的。它列出了第一批在诺曼底五个海滩上登陆的部队，并显示了已清除水雷的水域（蓝色）和参加行动的盟军军舰（红色）的位置。

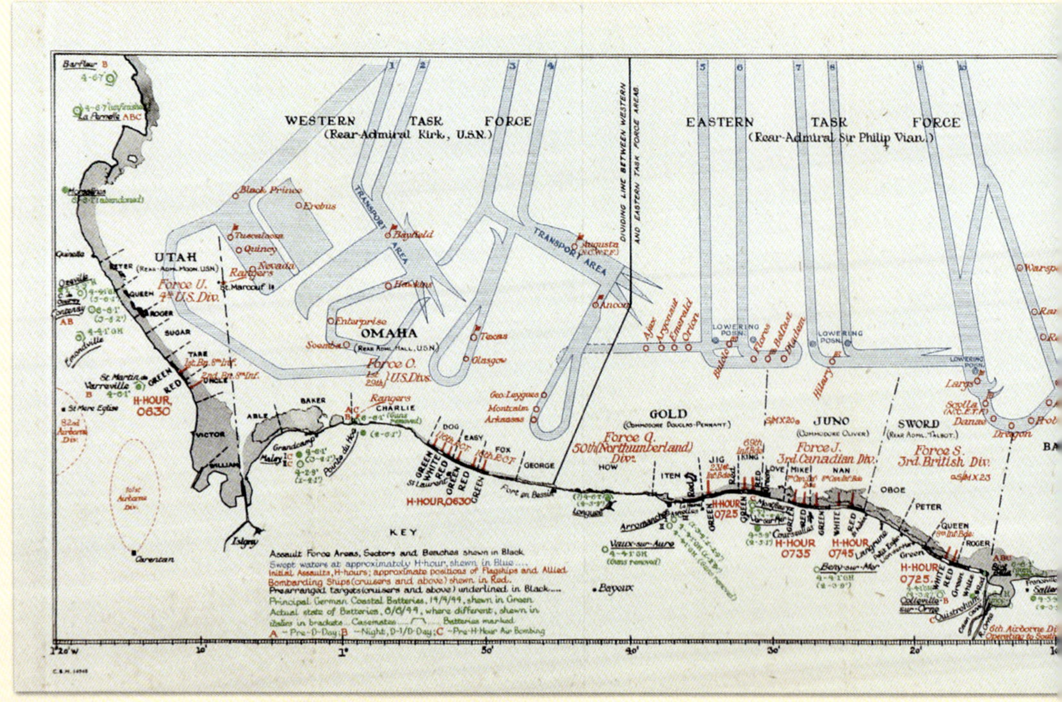


这张诺曼底登陆的总体地图由英国陆军总参谋部地理科（GSGS）绘制而成。德军沿海炮台用绿色标示；清理过的水路通道用蓝色标示，说明登陆艇可以通过；即将登陆海滩的部队用红色表示，部队从登陆区西边犹他海滩的美国第 4 步兵师到东边剑滩的英国第 3 步兵师

左图：68 岁的德军西线总司令卡尔·鲁道夫·格尔德·冯·伦德施泰特元帅

右图：德国陆军元帅埃尔温·隆美尔。他被称为北非的“沙漠之狐”，但担任西线 B 集团军群总司令时表现不佳，该集团军未能反击盟军在诺曼底海滩的进攻

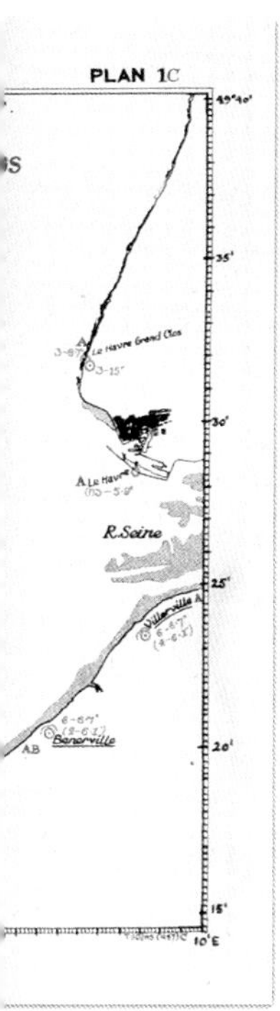


诺曼底登陆规模巨大，它的成功意味着盟军未来必将打败阿道夫·希特勒领导的纳粹德国。派遣历史上最大规模的两栖部队从西面进攻希特勒的登陆计划是一场巨大的“赌博”。1944 年 6 月 4 日，一支由约 15 万士兵和 6000 艘舰艇组成的庞大部队在英格兰南海岸等候信号，等待穿过英吉利海峡，前往被德国占领的法国海岸。天气恶劣，狂风暴雨，预计只在 6 月 6 日有短暂的平静。以前的两栖行动造成了严重的损失。温斯顿·丘吉尔担心在最初几个小时内会有 2 万人死亡，他的总参谋长、陆军元帅艾伦·布鲁克“对整个行动感到不安”。行动存在着许多未知数，大家不知道盟军的大规模欺骗计划——“坚忍行动”是否奏效。“坚忍行动”的目的是让德国人相信，盟军将在法国东北部加来附近登陆，而不是在远至西面和南面的诺曼底海滩。

盟军最高司令德怀特·艾森豪威尔将军面临着一个严峻的选择：是将登陆定在暂晴的 6 日，还是推迟到两周之后。6 月 5 日凌晨 4 时，艾森豪威尔将军做出了决定。他向由美国、加拿大和英国部队组成的庞大军队宣布，他们将在第二天出发。他告诉军队，“我们只接受彻

1944 年，英国皇家空军元帅特德（左）与艾森豪威尔将军（中）、蒙哥马利将军策划诺曼底登陆。后来，蒙哥马利和特德在诺曼底登陆后的作战问题上发生了分歧

底的胜利”。

当天晚上，2.4 万名空降兵通过降落伞和滑翔机在诺曼底登陆，美军在瑟堡半岛以西，英军则在距离前线东端 80 千米的乌伊斯特勒昂附近登陆。夜晚能见度低，许多人迷失了方向，但美军夺取了关键的圣母教堂镇，英军占领了两座重要桥梁，这标志着盟军登陆区东翼的成功。战场两翼的空降部队也在英勇作战。

到 6 月 6 日凌晨，由近 200 艘军舰、1500 艘运兵船和 4000 艘登陆艇组成的舰队已经顺利出发。“这简直就像是热闹的集会”，英国皇家海军“格拉斯哥号”上的一名军官说。登陆的状况有些混乱。波涛汹涌的海水使大量的士兵晕船。专为登陆行动制造的水路两栖坦克，很多入水后即遭灭顶之灾。对于成千上万登陆的步兵来说，当他们爬上裸露的海滩，生存既是一种运气，也是一种战术技巧。在西侧，美军在犹他海滩成功登陆 2.3 万人，伤亡 210 人。在东面 8 千米的奥马哈海滩上，敌人的炮火造成了巨大的伤亡。美国第 1 步兵师阵亡 2000 余人，受伤者更多。奥马哈海滩上，德军进行了最有效且致命的防守，但 3.4 万美军还是攻占了海滩，并在海岸之外建立了一个桥

美军登陆艇上岸人员和车辆，阻塞气球飞在上空，以防范德军空军的反击。在诺曼底登陆日当天，美军有 7000 人伤亡，其中大部分是在奥马哈海滩的激战中伤亡的

头堡。

英军和加拿大军队在地图东面的黄金海滩、朱诺海滩和剑滩登陆。德军的火力在不同地方强弱不一，造成了英军伤亡 3000 人，加拿大军队伤亡 1000 人。一位加拿大连长曾眼看着一辆加拿大坦克在躲避敌人的炮火时碾过他的死伤士兵，这让他十分惊恐。他只好用手榴弹炸碎了坦克的履带才将其拦下。

这时，登陆的成败取决于反击的力度。最初的 24 小时至关重要，德国的三次大规模失败加快了盟军的胜利。这一海岸的德国第 7 集团军指挥官是埃尔温·隆美尔，他是希特勒最强大的陆军元帅之一，但这时的他正在德国家中为妻子庆祝生日。希特勒本人则在睡觉，而他

的幕僚并没有叫醒他，因为他们相信登陆是一次佯攻。大多数德国部队和坦克仍集结在加来附近，他们预计盟军将会主攻加来。甚至当希特勒最终被惊醒时，他也拒绝将军队进一步向西转移，也不愿投入任何足以摧毁盟军的装甲部队。德国第21装甲师的坦克确实进行了反击，但反击力度太小，也太迟了。

事实证明，进攻第一天的目标过于雄心勃勃，当天几乎没有实现定下的目标。盟军直到7月才到达内陆10千米处的卡昂镇。但是，6月6日占领的桥头堡是一个惊人的开端，在这之后盟军不断推进战线，夺回了纳粹占领的法国。8月25日，巴黎解放；1945年2月，盟军到达莱茵河。诺曼底登陆的勇气、决心和周密的计划使其成为西方盟国走向胜利的最重要的一步。诺曼底登陆的成功，再加上苏联在东欧的胜利，共同导致了1945年5月希特勒的失败。

# 41
# 英苏的百分比协定

1944 年 10 月，在第二次世界大战即将结束之际，英国首相温斯顿 · 丘吉尔在莫斯科的一次会议上，将一张纸交给了苏联领导人约瑟夫 · 斯大林。斯大林目不转睛地看着它，并在纸的右上方打了一个大大的钩，表示同意。这是世界历史上气氛最轻快，但影响最震撼人心的外交行动。随着纳粹德国的撤退，东欧的大片土地遭到瓜分。

Roumania
Russia 90%
The others 10%
Greece G. Britain (in accord w USA) 90%
Russia 10%
Yugoslavia 50/50%
Hungary 50/50%
Bulgaria Russia 75%
The others 25%

这张字迹潦草的纸暗示了英苏对战后巴尔干地区控制权的大致百分比。后来，丘吉尔称这份文件是他的“淘气文件”

1944 年 10 月，温斯顿·丘吉尔(左)、约瑟夫·斯大林(中)和英国外交大臣安东尼·艾登在莫斯科会晤

1944 年秋，温斯顿·丘吉尔与约瑟夫·斯大林会面，此时西方盟国正在逐渐解放法国，反攻仅开展了四个月。在东部战场，苏联为了将阿道夫·希特勒的军队逼回柏林已经花了三年时间。斯大林的军队在 8 月占领了罗马尼亚，9 月占领了保加利亚，并准备进攻匈牙利。如今，所有人都知道，希特勒即将失败，于是所有的目光都集中在欧洲解放后何去何从的问题上。

丘吉尔深知，英美两国无法影响那些被斯大林解放的国家，但他急于保留英国对于希腊未来的话语权，因为英国军队曾为拯救希腊而与希特勒作战。丘吉尔还接触了匈牙利的霍尔蒂·米克洛什、南斯拉夫的约瑟普·铁托，与他们谈论这些国家的战后走向，以及西方对此的兴趣。10 月 9 日，丘吉尔在克里姆林宫与斯大林商谈时谈及了巴尔干五国。丘吉尔在回忆录中写道，他向斯大林建议（无疑是在喝了一两杯威士忌之后）：“让我们解决巴尔干地区的事务吧……你们在罗马尼亚占 90% 的主导，我们在希腊占 90% 的主导。而在南斯拉夫，你我则各占一半，这样如何？”他把这份文件（后来被他称为“淘气文件”）递给了桌子对面的斯大林。丘吉尔就英苏双方在巴尔干五国的话语权规定了百分比，并写在了这张纸上。斯大林在纸上画了一个钩，似乎表示他接受了丘吉尔的瓜分计划。丘吉尔回忆说，之后有很长一段时间的沉默。“最后我说：‘我们这样随随便便处理这些对数百万人至关重要的问题，难道不会太讽刺了吗？让我们把纸烧掉吧。’‘不，你留着吧。’斯大林说。”

与斯大林达成协定的鲁莽让丘吉尔有些不安，以至于他只是含糊地向美国总统富兰克林·罗斯福描述了此事。丘吉尔只是告诉罗斯福：“英国和苏联之间只达成了初步协定，还需要进一步讨论。”这位英国首相很清楚两个新的地缘政治现实：苏联正在东欧建设共产主义政权；英国的全球实力正在迅速增强，将会仅次于美国。提升英国实力最好的机会便是解决希腊问题，达成协定。

丘吉尔和他的外交大臣安东尼·艾登在莫斯科又待了一个半星期。最后，斯大林和他的外交人民委员（外交部长）维亚切斯拉夫·莫洛托夫不仅把丘吉尔让步的百分比收入囊中，还得到了更多，使局面更加有利于苏联：苏联在匈牙利和保加利亚的百分比被分别提到了 50% 和 75%。英国人别无选择，只能认可苏联的要求；但丘吉尔成功维持了英国对希腊 90% 的主导。值得注意的是，斯大林坚守了协定。无论是出于尊重这项协定，还是受到其他因素的影响，他从那时起就没有再向希腊输出共产主义革命，对南斯拉夫等希腊邻国也不多支持。

丘吉尔在一定程度上成功地限制了斯大林在巴尔干半岛的行动，但他和罗斯福都没能成功地遏制苏联在波兰的影响。波兰是斯大林的军队正在解放的东欧最大的国家。在莫斯科会议期间，丘吉尔曾劝说斯大林会见波兰流亡政府领导人斯坦尼斯瓦夫·米科瓦伊奇克，但没有成功。斯大林坚持认为，战后的波兰政府必须将一块东部领土割让给苏联，但米科瓦伊奇克拒绝了。斯大林没有进一步迁就，他与一个名为卢布林委员会的波兰共产党组织保持密切联系，卢布林委员会是克里姆林宫选择的波兰下一届政府领导机构。随着苏联军队越过波兰向柏林挺进，罗斯福和丘吉尔已无力促成苏联与波兰流亡政府协商。

第二次世界大战和随后举行的和平会议导致了苏联对东欧的完全控制——100%的控制。正如丘吉尔本人在 1946 年所说，“从波罗的海的斯德丁，到亚得里亚海的的里雅斯特，一幅横贯欧洲大陆的铁幕已经降落下来”。这张写着百分比的纸片现被保存在英国国家档案馆，它在历史上算是一个“有趣”的存在了。

第二次世界大战最后几个月，苏联坦克驶过波兰。苏联对东欧的控制持续了 45 年，西方盟国不愿意，却也无力阻止

# 42
# 《联合国宪章》

《联合国宪章》作出了国际历史上最雄心勃勃的承诺。世界遭受了两次世界大战的重创，而该文件便旨在维护世界的和平与安全，还承诺促进人民享有人权、政治权利和社会权利。美国总统哈里·杜鲁门称其为“一个坚实的构造，于其之上，我们可以建设一个更加美好的世界”。

美国国务卿爱德华·斯退丁纽斯在旧金山会议的“指导委员会”会议上讲话。出席会议的各国首席代表围桌而坐

《联合国宪章》的开篇有力地概括了其崇高的目标："欲免后世再遭今代人类两度身历惨不堪言之战祸，重申基本人权、人格尊严与价值，以及男女与大小各国平等权利之信念。"

建立维护世界和平与安全的有效组织的计划出现在第二次世界大战期间，这一组织将取代国际联盟，后者在第一次世界大战后未能实现维护和平的目标。1941 年，美国总统富兰克林·罗斯福和英国首相温斯顿·丘吉尔签署了《大西洋宪章》，提出建立一个新的国际组织。1942 年，26 个与德国、意大利和日本作战的同盟国家签署了《联合国家宣言》，该文件第一次正式采用了"联合国"这个名称。美国、英国和苏联在构建这个新组织的过程中发挥了重要作用，中国也提供了意见。1944 年 8 月，这四个国家的代表在华盛顿敦巴顿橡树庄园会面，绘制了一份蓝图。他们商定了两个主要的决策机构：一个是由全体成员国组成的联合国大会，没有立法权；另一个是安全理事会，其决议对所有联合国成员具有约束力。四国在成员资格和投票规则等问题上存在分歧，但在 1945 年 2 月的雅尔塔会议上就折中方案达成了协议。

两个月后，太平洋战争仍在进行，来自 50 个国家的代表聚集在旧金山的联合国国际组织会议上，敲定了《联合国宪章》的细节。他们认可了已经达成的大致架构，但对核心维和机构安全理事会的权力和组成，进行了特别激烈的辩论。宪章第六章允许安全理事会通过"谈判、调查、调停、和解、公断、司法"来解决国际争端。如果失败，第七章则允许安全理事会采取军事行动，如"联合国会员国之空海陆军示威、封锁及其他军事举动"。

安全理事会原有 5 个常任理事国——美国、英国、法国、苏联

# CHARTER OF THE UNITED NATIONS

WE THE PEOPLES OF THE UNITED NATIONS
DETERMINED

to save succeeding generations from the scourge of war, which twice in our lifetime has brought untold sorrow to mankind, and

to reaffirm faith in fundamental human rights, in the dignity and worth of the human person, in the equal rights of men and women and of nations large and small, and

to establish conditions under which justice and respect for the obligations arising from treaties and other sources of international law can be maintained, and

to promote social progress and better standards of life in larger freedom,

AND FOR THESE ENDS

to practice tolerance and live together in peace with one another as good neighbors, and

to unite our strength to maintain international peace and security, and

to ensure, by the acceptance of principles and the institution of methods, that armed force shall not be used, save in the common interest, and

to employ international machinery for the promotion of the economic and social advancement of all peoples,

HAVE RESOLVED TO COMBINE OUR EFFORTS
TO ACCOMPLISH THESE AIMS.

Accordingly, our respective Governments, through representatives assembled in the city of San Francisco, who have exhibited their full powers found to be in good and due form, have agreed to the present Charter of the United Nations and do hereby establish an international organization to be known as the United Nations.

《联合国宪章》的序言。50 个国家的代表经过两个月的 400 次委员会会议，才就该宪章达成一致

（1991 年改为俄罗斯）和“中华民国”（1971 年改为中华人民共和国），以及 6 个非常任理事国（后来增加到 10 个）。安全理事会的五大常任理事国拥有一票否决权，这让小国的代表们感到震惊。他们担心，如果“五巨头”中的一个大国威胁到其他国家，那么这个大国便可以利用其否决权，阻止安全理事会对其采取行动。但为了世界和平，否决权最终得到了保留。

代表们还就其他主要机构达成了一致意见，其中包括经济及社会理事会和国际法院。经济及社会理事会将指导有关社会和经济事务的国际行动，而国际法院则旨在解决国家间的法律争端。

1945 年 6 月 25 日，《联合国宪章》的最终草案在旧金山歌剧院进行表决。按照惯例，代表们需要举手来进行表决。但这次，代表们则要站起来表示他们接受该草案。每位代表连同他们的工作人员、媒体人员和 3000 名参观者都站了起来。当宪章获得一致通过时，全场一片欢呼。

在巨大希望中诞生的联合国，受到了人们的严格监察。有些人认为，某些拥有一票否决权的国家使安全理事会无法发挥其作用。例如，俄罗斯在叙利亚内战期间否决了对该国实施制裁的计划；美国在谴责以色列的决议中多次使用了否决权。安全理事会还被指责优柔寡断——在 1994 年卢旺达大屠杀和 2003 年的苏丹达尔富尔大屠杀期间，安理会都未能采取行动。

从积极的方面来看，安理会谴责了萨达姆·侯赛因 1990 年入侵科威特，使得国际行动成为可能。联合国在其他领域的成就不胜枚举，包括维持和平行动、冲突后的解决和重建、发起战争诉讼、保护人权、帮助妇女和儿童、援助难民和灾害受害者、消除饥饿和寻求气候变化

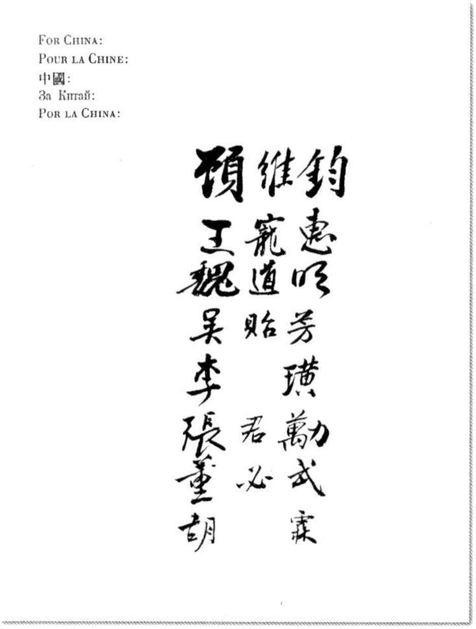

For China:
Pour la Chine:
中國:
За Китай:
Por la China:

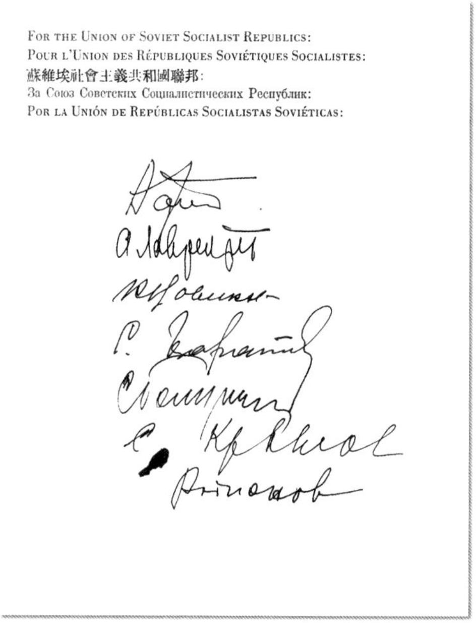

For the Union of Soviet Socialist Republics:
Pour l'Union des Républiques Soviétiques Socialistes:
蘇維埃社會主義共和國聯邦:
За Союз Советских Социалистических Республик:
Por la Unión de Repúblicas Socialistas Soviéticas:

的解决方案。

如今，我们处在历史上相对和平的时期。人们对核战争及其破坏力的恐惧的确有助于维持世界的和平，但联合国也发挥了重要作用。《联合国宪章》曾承诺欲免后世再遭战祸，但越南、叙利亚和其他地方还是出现了恐怖冲突。这无疑给宪章蒙上了阴影，但我们相信，联合国及其机构将使世界变得更加安全和美好。

上图：中苏两国代表在《联合国宪章》上的签字。中国作为轴心国日本发动侵略战争的第一个受害者，得以率先签署协定

左页图：1945 年 6 月 26 日，美国总统哈里・杜鲁门在旧金山联合国会议闭幕式上讲话

# 43
# DNA 结构

1953 年，生物物理学家詹姆斯 · 沃森和弗朗西斯 · 克里克完成了一篇关于脱氧核糖核酸（DNA）结构的文章的终稿，这是 20 世纪具有开创性的科学论文之一。这份文件解开了决定所有生物体特征的遗传密码。这一生命运作的突破性发现重塑了生物学的研究，并带来了 DNA 分析、人类基因组图谱绘制和生物技术产业等重大进展。

詹姆斯 · 沃森（左）和弗朗西斯 · 克里克与他们的 DNA 分子结构模型的合影

1953年2月28日，英国剑桥老鹰酒馆的顾客们正在吃午饭，两个人突然冲进来，大声宣布他们“发现了生命的秘密”。詹姆斯·沃森和弗朗西斯·克里克终于破解了难以捉摸的DNA结构，他们在酒馆宣布了成果。他们花了18个月的时间试图为DNA建立一个模型，最后终于成功了！两个月后，《自然》杂志上发表了一篇单页的文章，其中包含了他们的发现，并附有克里克的艺术家妻子奥迪尔·克里克绘制的一幅精美的DNA分子结构图。这些人的名字在文章中出现的顺序是抛硬币决定的。

其他研究人员已经在DNA的存在和组成方面取得了重要的发现，但沃森和克里克凭借着直觉和决心，将这些发现整合成一个连贯的理论。1869年，瑞士医生弗里德里希·米歇尔首次在绷带上的脓液中发现了DNA这种物质。20世纪40年代，科学家发现DNA可以“转化”受体菌，即DNA在细胞之间传递时，可以赋予受体菌新的特性。科学家们认为，DNA包含着生物体中大多数细胞生长发育的指令，但不知道DNA是如何将眼睛颜色和血型等特征的信息代代相传的。沃森和克里克打算通过研究DNA的形态，以及DNA如何编码来解开这个谜团。

当代的两个发现对他们的研究产生了至关重要的影响。美国化学家莱纳斯·鲍林在建立蛋白质的分子结构方面做了开创性的工作，其成果为沃森和克里克所用，并获得了巨大的成效。但也许最幸运的是他们看到了一张DNA晶体的X射线衍射照片，该照片显示两条多脱氧核苷酸链围绕一个共同的中心轴盘绕，构成双螺旋结构。这张X射线衍射照片是由英国科学家罗莎琳德·富兰克林和莫里斯·威尔金斯拍摄的。威尔金斯在富兰克林不知情的情况下，将照片展示给了沃森和克里克，这使得人们认为，学界忽视了富兰克林对发现DNA的贡献。

final version

~~8 Scroop~~
9 Portugal place
11 pm

# A STRUCTURE FOR D.N.A.

We wish to suggest a structure for the salt of deoxyribose nucleic acid (D.N.A.). This structure has novel features which are of considerable biological interest.

A structure for nucleic acid has already been proposed by Pauling and Corey.[1] They kindly made their manuscript available to us in advance of publication. Their model consists of three intertwined chains, with the phosphates near the fibre axis, and the bases on the outside. In our opinion this structure is unsatisfactory for two reasons:

1. We believe that the material which gives the X-ray diagrams is the salt, not the free acid. Without the acidic hydrogen atoms it is not clear what forces would hold the structure together, especially as the negatively charged phosphates near the axis will repel each other.

2. Some of the van der Waals distances appear to be too small.

Another three-chain structure has recently been suggested by Fraser.[9] In his model the phosphates are on the outside, and the bases on the inside, ~~It is stated that the bases can be~~ linked together by hydrogen bonds. This structure as described is ~~vague and~~ rather ill-defined, and for this reason we shall not comment on it.

We wish to put forward a radically different structure for the salt of deoxyribose nucleic acid. This structure has <u>two</u> helical chains each coiled round the same axis (see figure). We have made the usual chemical assumptions, namely that each chain consists of phosphate di-ester groups joining β-D-deoxyribo-

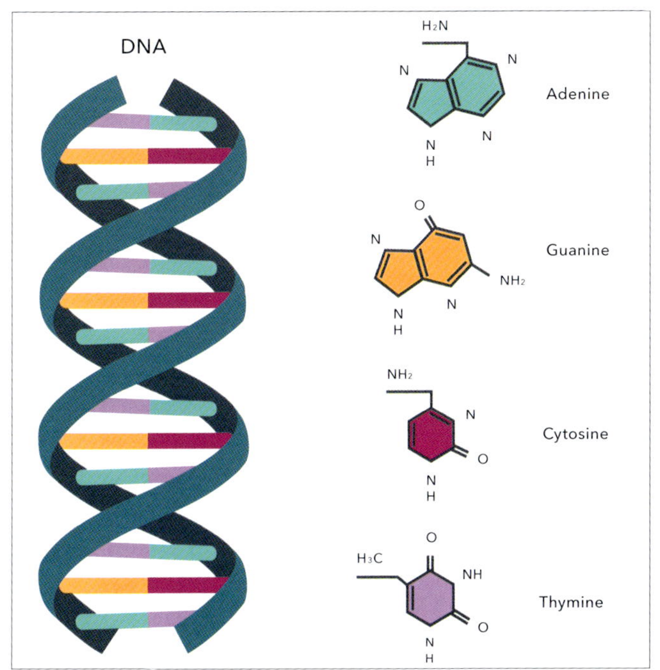


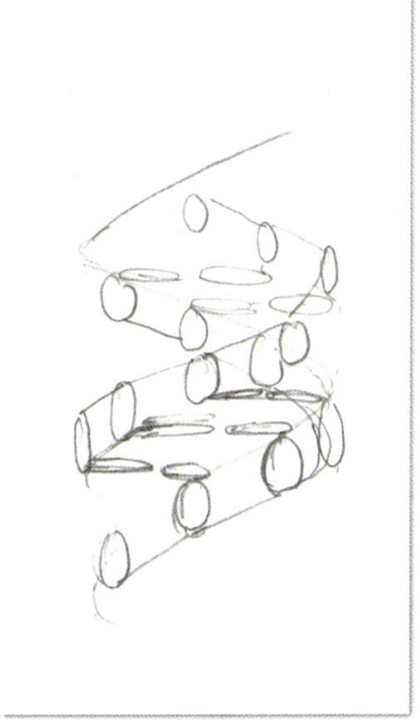

左上图：DNA 螺旋“梯子”。梯子由四个成对的含氮碱基组成：腺嘌呤（蓝色）与胸腺嘧啶（浅紫色），鸟嘌呤（黄色）与胞嘧啶（深紫色）

右上图：这幅 DNA 双螺旋的铅笔素描是由弗朗西斯的艺术家妻子奥迪尔·克里克绘制的，它与关于 DNA 结构的文章一起发表在《自然》杂志上

沃森一看到这张照片就意识到了重要性：“我的嘴张得大大的，脉搏也开始加速。”

沃森和克里克得知了 DNA 的大致形状是双螺旋，便着手建立一个精细的结构模型。他们用纸板剪出 DNA 的化学成分，并把它们放在桌子上，试图把它们组合在一起。经过几次失败的尝试，他们终于制作出了一个像螺旋形“梯子”的 DNA 模型。“梯子”由四个成对的含氮碱基组成：腺嘌呤（A）与胸腺嘧啶（T），鸟嘌呤（G）与胞嘧啶（C）（见左上图），每个碱基都与一个糖分子和一个磷酸盐分子相连。仅这四种碱基就能组成数十亿个序列，包含决定生物体特征的信息。

左页图：沃森和克里克关于 DNA 结构的文章的终稿。1953 年 4 月 25 日，这篇文章发表在科学杂志《自然》上

DNA 分子上具有特定遗传效应的片段被称为基因，每个基因都会编码一种特定的蛋白质，基因由复杂的化学物质组成，决定了身体如何工作。例如，血红蛋白是血液中的一种红色蛋白质，角蛋白是头发、皮肤和指甲中的蛋白质。2003 年，人类基因组计划报告称，人类体内有超过 2 万个基因，包含在 DNA 的长链中。这些长链紧紧地盘绕在我们体内大多数细胞核内的 23 对染色体中。

1962 年，沃森、克里克、威尔金斯一起获得了诺贝尔生理学或医学奖。威尔金斯提供了 DNA 的 X 射线衍射照片，但威尔金斯的同事富兰克林的贡献没有得到承认。富兰克林在 1958 年死于癌症，而诺贝尔奖只授予那些提名时还活着的人。

沃森和克里克的发现对世界产生了惊人的影响。DNA 分析改变了法医科学，血液、精液、皮肤、唾液或毛发的微小样本就能将一个人与犯罪现场联系在一起；DNA 可以确定血缘关系，告诉我们谁是我们的祖先；从尼安德特人时代的死亡生物体中提取的样本可以用来揭示进化史。基因改造已经彻底改变了农业、生物技术研究和医学。现在我们知道如癌症和阿尔茨海默病的人类疾病有遗传因素，新的预防策略正在开发，其中包括基因治疗，即通过改变基因来预防或治疗疾病。

DNA 的发现，标志生命科学的研究进入了分子生物学的新时代。1953 年 2 月 28 日，克里克在他们取得突破的当晚，回家对妻子说："我们似乎有了一个重大发现。"多年后，妻子告诉他："你回家的时候总是说这样的话，所以我自然什么也没想。"

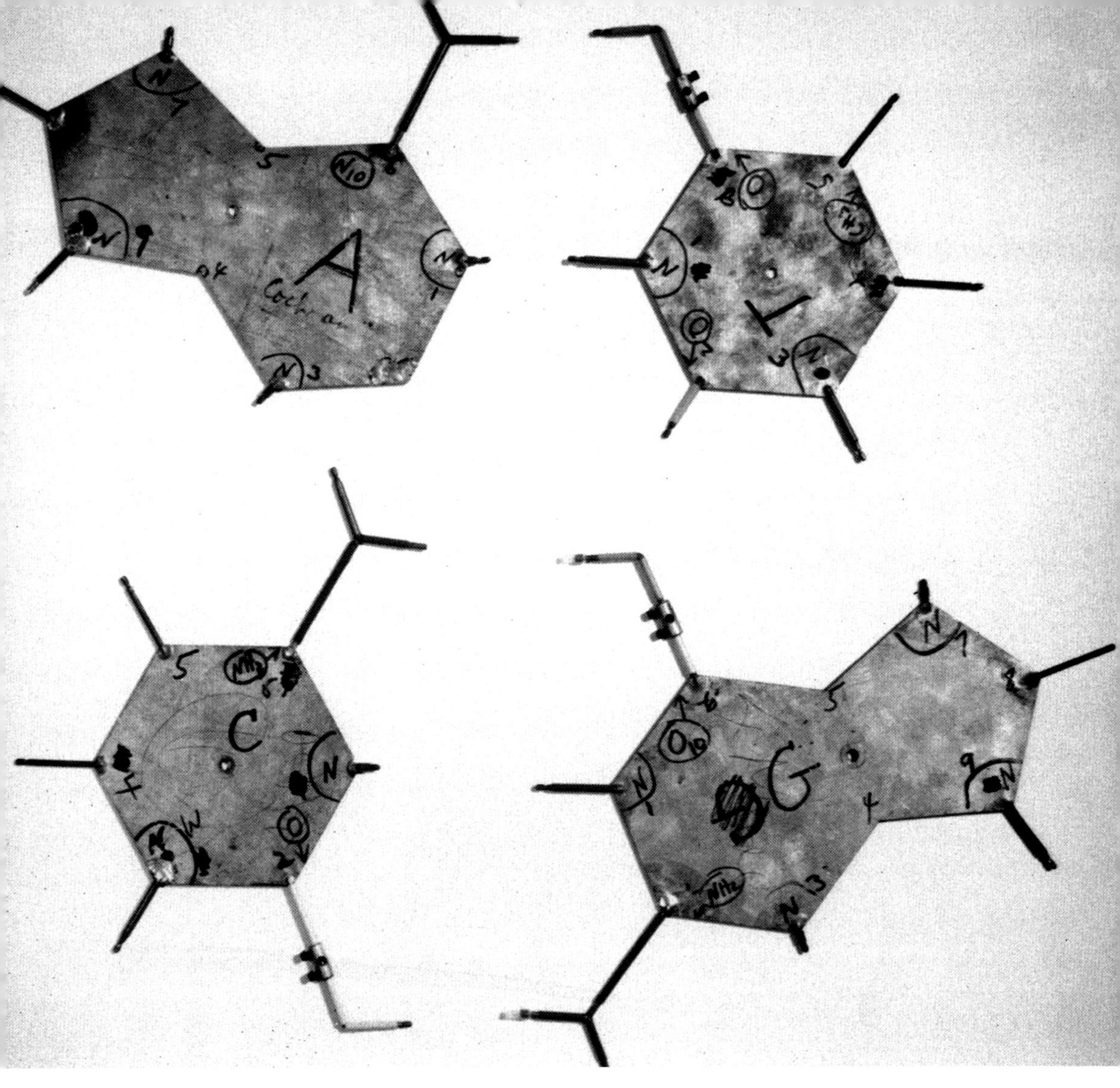


沃森和克里克在他们的 DNA 模型中使用了这些铝板。它们代表四个含氮碱基：A 代表腺嘌呤；T 代表胸腺嘧啶；C 代表胞嘧啶；G 代表鸟嘌呤

# 44
# 《罗马条约》

建立欧洲经济共同体的《罗马条约》于 1957 年 3 月 25 日签署。欧洲经济共同体的建立成了欧洲经济和政治一体化进程的起点。在 60 年的时间里，欧盟已成为世界上最大的贸易集团和实力强大的经济体。

En foi de quoi, les plénipotentiaires soussignés ont apposé leurs signatures au bas du présent Traité.

Zu urkund dessen haben die unterzeichneten Bevollmächtigten ihre Unterschriften unter diesen Vertrag gesetzt.

In fede di che, i plenipotenziari sottoscritti hanno apposto le loro firme in calce al presente Trattato.

Ten blijke waarvan de ondergetekende gevolmachtigden hun handtekening onder dit Verdrag hebben gesteld.

Fait à Rome, le vingt-cinq mars mil neuf cent cinquante-sept.

Geschehen zu Rom am fünfundzwanzigsten März neunzehnhundertsiebenundfünfzig.

Fatto a Roma, il venticinque marzo millenovecentocinquantasette.

Gedaan te Rome, de vijfentwintigste maart negentienhonderd zevenenvijftig.

六个创始国的 12 位领导人在《罗马条约》上签名。左手边一栏的前两位是联邦德国总理康拉德·阿登纳和曾任比利时首相的保罗 - 亨利·斯巴克。下面四个签名中，清晰可辨的是意大利总理安东尼奥·塞尼的签名

第二次世界大战使欧洲受到重创，只有少数几个国家幸免于难。所有人都发誓绝不允许这样的冲突再次发生，甚至带领英国走向胜利的温斯顿·丘吉尔也在 1946 年呼吁建立一个“欧洲合众国”。但在四年后，英国显然缺席了欧洲共同组织的建立。1950 年，法国外交部长罗伯特·舒曼宣布“让战争不仅是不可想象的，而且在物质上是不可能的”，受此启发，一批才华横溢的欧洲领导人开始行动。

1951 年，欧洲建立了第一个组织——欧洲煤钢共同体（ECSC）。比利时、法国、意大利、卢森堡、荷兰和联邦德国六国签署了协定，

上图：1957 年 3 月 25 日，《罗马条约》的签署仪式在罗马保守宫举行。联邦德国总理阿登纳为前排左起第五位

《罗马条约》的发起人之一，法国政治经济学家让·莫内

六国放弃了各自的部分主权，通过一个拥有超国家权限的机构管理它们的工业生产。六年后，欧洲经济共同体（EEC）应运而生。在欧洲富有远见卓识的人，如法国的政治经济学家让·莫内（欧共体第一任领导人）、比利时前首相保罗－亨利·斯巴克和德国学者兼外交家沃尔特·霍尔斯坦等的鼓励下，六国着手起草《罗马条约》。

1957 年 3 月 25 日，在罗马卡皮托林山的保守宫举行了隆重的《罗马条约》签字仪式。成员国领导人签署了名字，其中包括斯巴克和时任联邦德国总理康拉德·阿登纳（文件左侧前两位）。意大利方面负责准备工作。但因过于仓促，他们只打印了文件的第一页和最后一页。《罗马条约》的开篇写着这样的话，领导人决心“为在欧洲各民族之间建立从未有过的联盟奠定基础”；他们还决心“依靠共同行动消除分裂欧洲的障碍，确保成员国的经济发展和社会进步……通过成员国资源的共享以维持和加强和平与自由”，并呼吁与他们有同样理想的欧洲其他国家人民加入他们，共同努力。

该条约的实质是建立一个消除一切关税壁垒的关税同盟。为了管理新的共同体，条约提出设立三个新的机构：用以作出重大决定的部长理事会（由六国领导人组成）；用以管理欧洲共同体的日常工作，并向理事会提出建议的执行委员会；由成员国国民选产生，拥有有限的立法权的欧洲议会。越来越多的人反对新的制度。他们声称，新制度明显缺乏民主：执行委员会的成员由六国政府任命，而不是选举产生。

抛开政治不谈，新结构带来了可观的经济效益。欧共体的共同市场蓬勃发展，其他国家争相加入。尽管有违法国最初的意愿，英国、丹麦和爱尔兰还是在 1973 年加入了欧共体。随后，希腊于 1981 年加入；西班牙和葡萄牙于 1986 年加入；奥地利、芬兰和瑞典于 1995 年加入。2004 年，欧共体又增加了 10 个成员国。保加利亚和罗马尼亚于 2007 年加入，而第 28 个成员国克罗地亚则于 2013 年加入。这个共同体现在被称为欧盟（EU）。作者在撰写本文时（2019 年），欧盟是世界上最大的贸易集团和第二大经济体。

自《罗马条约》签署以来，欧共体不断推进一体化进程。1993 年，欧共体启动了共同市场，为商品、资本、服务和劳动力的自由流动提供了条件。大多数欧洲国家采用了共同货币——欧元。28 个成员国中的 22 个取消了边境管制，部长理事会中同意取消边境管制的投票数越来越多。

所有采取的措施都本着《罗马条约》中提到的促进“更加紧密的联盟”的宗旨，但这些措施也引起了一些国家对丧失国家主权的担忧。2016 年 6 月，英国就脱欧问题举行了公投，大多数人投票赞成离开欧盟。英国和其他持怀疑态度的国家最忧虑的两大方面是移民和民主。

地图显示了 2020 年 2 月欧洲联盟的成员国。6 个最初的成员国为红色，其他 22 个后来加入的成员（从 1973 年的英国、爱尔兰和丹麦到 2013 年的克罗地亚）为棕色。2020 年 1 月 31 日，英国正式“脱欧”

批评者抱怨说，工人的自由流动使得来自较贫穷欧盟成员国的移民降低了较富裕国家的工资水平。他们还担心执行委员会的“非选举官僚”会行使过多的控制权。

欧盟已经建立了一个拥有近5亿人口的共同市场。丘吉尔曾预言，在一个统一的欧洲，“欧洲人民将享受到无限的幸福、繁荣和荣耀”。如今，一些人可能对此持悲观态度。但是，很少有人会否认，这一独特的国家间治理与合作试验，给这个过去动荡不安的地区带来了稳定与和平。

# 45

# 披头士乐队的巡演城市名单

披头士乐队经纪人布莱恩·爱泼斯坦在信封上潦草写下了一份美国城市的名单，令英国利物浦的披头士乐队走上了成为历史上最知名乐队的道路。行程是在1964年乐队首次北美巡演前拟定的。他们在短短33天内举办了32场演唱会，让约翰·列侬、保罗·麦卡特尼、乔治·哈里森和林戈·斯塔尔从“默西赛德郡的毛头小子”变成了国际巨星。

1964年9月22日，乔治·哈里森、保罗·麦卡特尼、林戈·斯塔尔、约翰·列侬与经纪人布莱恩·爱泼斯坦在希思罗机场。他们结束了披头士乐队的北美巡回演唱会，胜利归来

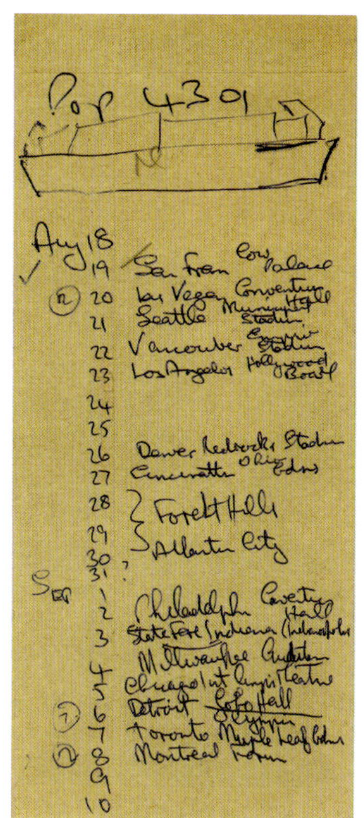

布莱恩·爱泼斯坦在用过的信封上写下了披头士第一次北美巡演的日期和城市名称。请注意邮戳上的日期：1964年3月25日，就在乐队登上《埃德·沙利文秀》（美国知名脱口秀节目）的几周后

直到1963年，英国才真正兴起对披头士的狂热，但这四个来自利物浦的小伙子在北美仍然并不出名。当《爱我吧》（*Love Me Do*）、《请取悦我》（*Please Please Me*）和《从我到你》（*From Me to You*）等歌曲登上英国热门歌曲榜首时，这支乐队的音乐在大洋彼岸却鲜为人知。拥有披头士唱片版权的美国国会唱片公司起初拒绝了他们，因为“英国乐队在美国没有听众”，但之后发生的事情改变了唱片公司的态度。1963年12月，华盛顿特区的一名音乐节目主持人在电台播放了英国航空公司的空乘给他带来的披头士乐队的最新

1964年8月18日，旧金山的青少年尖叫着欢迎披头士乐队开始他们的美国巡演。数十名警察拦住冲破路障的歌迷

单曲《我想握住你的手》（*I Want to Hold Your Hand*），听众的反应非常积极，这首歌便匆匆在美国发行。这张唱片成了头号热门，销量达到100万张，但美国媒体仍持怀疑态度。披头士乐队毫不掩饰他们深受猫王、小理查德、巴迪·霍利和卡尔·帕金斯等美国艺术家的影响，但大多数美国记者选择忽略这一点。文章关注的是他们的发型、搭配的西装和靴子。记者们玩起了文字游戏，用“甲虫”代指披头士乐队，并暗示英国出现了“虫害”。报道将乐队视为“英国的新疯狂”，将他们的表演视为“新奇的表演”。

1964年2月9日，披头士乐队出现在《埃德·沙利文秀》的节目现场。表演结束后，大多数负面报道都突然终止。约翰、保罗、乔治和林戈演唱了五首歌曲，其中包括《我全部的爱》（*All My*

*Loving*）、《她爱你》（*She Loves You*）和《我看见她站在那儿》（*I Saw Her Standing There*），收视人数达到创纪录的 7300 万（占当时美国人口的 40%）。这在后来被称为摇滚乐历史上最重要的时刻，整个北美都为披头士乐队而疯狂。乐队的经纪人布莱恩·爱泼斯坦制订了一项雄心勃勃的巡演计划，将带领乐队在 33 天内于美国和加拿大的 24 个城市举行 32 场演出。

1961 年，爱泼斯坦在利物浦的洞穴俱乐部听完披头士乐队的演出后成为他们的经纪人。这支乐队曾取过很多名字（采石场工、约翰尼与月亮狗、银甲虫），最终选定了披头士这个名字。他们在家乡利物浦和德国汉堡演出，观众虽然不多，却在不断增加。约翰、保罗和乔治与鼓手皮特·贝斯特组成了最初的披头士乐队。1962 年，林戈取代了贝斯特。爱泼斯坦先是把乐队带到迪卡唱片公司，但被拒绝了。之后他们又去英国百代公司试唱，这次他们获得了一份唱片合同。一年后，他们在英国有了一连串的热门歌曲，成为英国范围内的明星，而爱泼斯坦想让披头士乐队成为国际级乐队。

披头士乐队到达美国时，美国正值动荡时期。九个月前，约翰·肯尼迪总统被暗杀，越南战争正在肆虐，夏季的种族骚乱震惊了全国。披头士用欢快的音乐、朗朗上口的歌词和前所未有的与观众互动的能力，帮助人们逃避这些残酷现实。1964 年 8 月 19 日，他们在旧金山举行了第一场演唱会，周围是一片尖叫的歌迷。19 名女孩晕倒，50 名歌迷试图闯入舞台，另有 50 名歌迷在踩踏事件中受伤。他们的豪华轿车被歌迷围困，不得不由救护车送回酒店。在大西洋城，为了躲避疯狂的崇拜者，披头士乐队跳进了一辆海鲜卡车。演唱会门票售罄，乐队收入超过 100 万美元，打破了弗兰克·辛纳屈和朱迪·嘉兰创下

THE
BEATLES

的纪录。他们收到了猫王的贺电，伟大的鲍勃·迪伦也给予了肯定：“其他人都认为他们只受年轻人追捧……但对我来说，他们的音乐显然能够长久。”当时乐队受到了一些批评，尤其是来自老一辈的批评，但这并没有影响到乐队的发展。当得知一位著名的精神病学家称他们是“对社会的威胁”时，乔治回答说：“精神病学家也是一种威胁。”

披头士乐队继续在世界各地巡回演出。然而，到了 1966 年，他们已经受够了。约翰抱怨说：“人们不听音乐了。”保罗害怕坐着装甲车回到警卫森严的酒店房间：“我坐在那里对自己说，‘我真的不想再经历这样的事情了。我们有钱。我们动身去布莱顿吧！’”巡演结束后，乐队继续创作唱片，但内部的不和愈演愈烈。1969 年 9 月，他们发行了第 11 张，也是最后一张专辑《艾比路》（*Abbey Road*）。几个月后，乐队宣布正式解散。虽然披头士乐队只存在了 9 年，但他们的音乐作为 20 世纪 60 年代变革的青年文化的化身，依然能引起一代又一代人的共鸣。

左页上图：1964 年 8 月 20 日，披头士乐队在拉斯维加斯会议展览中心演出。警察守卫正阻止歌迷冲上舞台。当天的两场演出门票均已售罄

左页下图：1964 年 8 月 21 日，在西雅图中心体育馆的演出结束后，在美国水手的帮助下，观众中的警察排成人墙，以便披头士乐队能够进入更衣室

# 46

# 纳尔逊·曼德拉的法庭演讲

1964 年 4 月 20 日，人类最伟大的英雄之一纳尔逊 · 曼德拉在受审时进行了演讲。这个现在被称为《为理想我愿献出生命》的演讲，是南非民主的一个关键演讲。曼德拉被判犯有“企图以暴力推翻政府”罪，并被判处终身监禁，但他反对种族隔离的勇敢立场引起了全世界的共鸣，并且推动了种族隔离制度的最终瓦解。

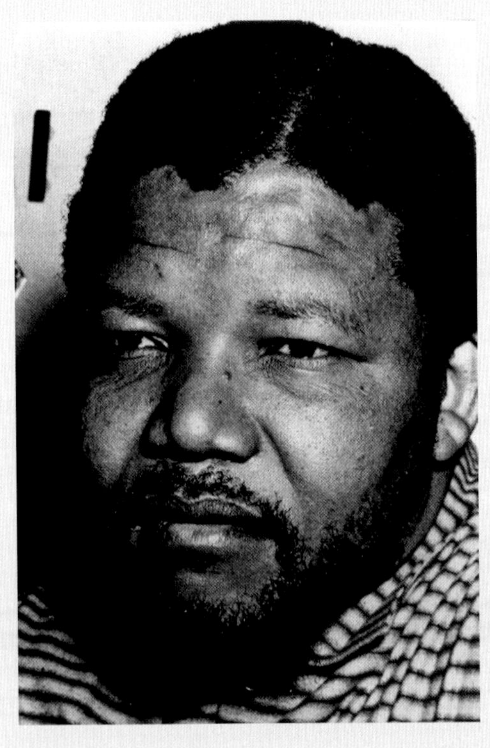

1962 年的纳尔逊 · 曼德拉。这一年，他因“煽动”罪和“非法越境”罪被判处五年监禁。1963 年至 1964 年，他又回到了法庭

1964 年，45 岁的纳尔逊 · 曼德拉在比勒陀利亚正义宫中的富丽堂皇的法庭上站起来发言。他并没有否认自己犯有“企图以暴力推翻政府”罪，而是缓慢、郑重地宣读长达 81 页的声明，雄辩地解释了自己为什么使用暴力：“我的计划不是出于鲁莽，也不是因为我喜欢暴力。我这样计划是因为我国人民遭受白人多年暴政、剥削和压迫，并且我对当时的政治局势进行了冷静和清醒的评估。”作为一名训练有素的律师，曼德拉熟练地利用事实把南非种族隔离制度放到了被告席上。

曼德拉与他人共同创立了南非非洲人国民大会（ANC），其军事部门曾把一个农场用作藏身之处。1963 年 7 月，警方突袭了约翰内斯堡郊区瑞佛尼亚的这个农场，还在农场里搜出了大量武器。3 个月后，也就是 1963 年 10 月，审判开始。曼德拉在 1962 年因“煽动”罪和“非法越境”罪被判处五年监禁。在 1963 年 10 月的审判中，他被命令与在农场抓获的几名男子一起受审，所有的人都否认 221 项“企图以暴力推翻政府”的指控。曼德拉选择发表声明，而不是上证人席。他花了数周时间撰写演讲稿，并从小说家纳丁 · 戈迪默和英国记者安东尼 · 桑普森那里得到有用的建议。他的律师敦促他删去最后一句话——“为理想我愿献出生命”，因为他担心这几个字可能会促使法官判处死刑，但曼德拉依然坚持己见。

他在法庭上的发言反映了统治南非的白人政府与反对种族隔离制度的南非非洲人国民大会之间长达半个世纪的斗争。曼德拉谈到了名叫沙佩维尔的黑人小镇。1960 年 3 月 21 日，那里发生了臭名昭著的枪击事件——人们反对阻止行动自由法律的通过，并集会抗议，警察便向这些抗议者开火，造成 69 名手无寸铁的人死亡、180 人受伤。他说，

81.

During my lifetime I have dedicated myself to this struggle of the African people. I have fought against White domination, and I have fought against Black domination. I have cherished the ideal of a democratic and free society in which all persons live together in harmony and with equal opportunities. It is an ideal which I hope to live for and to achieve. But if needs be, it is an ideal for which I am prepared to die.

The invincibility of our cause and the certainty of our final victory are the impenetrable armour of those who consistently uphold their faith in freedom and justice in spite of political persecution.

Amandla Ngawethu!

NMandela April 1964

1960 年 3 月 21 日，沙佩维尔大屠杀的场面。警察向手无寸铁的黑人抗议者开火，造成 69 人死亡、180 人受伤

正是在沙佩维尔事件后，南非政府宣布进入紧急状态，并取缔了南非非洲人国民大会。“严酷的事实是，50 年的非暴力运动给非洲人民带来的只是越来越多的压制性立法，以及越来越少的权利。”他承认在 1961 年秋天帮助建立了南非非洲人国民大会的军事部门，“因为政府让我们别无选择”。他承认，他曾策划袭击政府大楼和其他种族隔离标志，并建议炸掉发电厂、扰乱铁路和电话通信。他说，他想破坏南非的经济，“从而迫使这个国家的选民重新考虑他们的立场”，但他警告他的步兵，“在计划或执行行动时，他们绝不能伤人或杀人”。

关于南非共产党影响南非非洲人国民大会的指控，曼德拉在声明中作出了回应。他指出，共产党是唯一“准备把非洲人当作人一样对待的政治团体；他们愿意和我们一起吃饭，一起交谈，一起生活，一起工作”。但是，他对法庭说，与共产党人不同，他是议会制度的崇拜者。“《大宪章》《权利请愿书》和《权利法案》是全世界民主人士所尊崇的文件。”这番话显然是针对海外支持者的。

左页图：曼德拉“为理想我愿献出生命”演讲的最后一段。他在这份副本上加上了手写的留言、签名和日期，并将其交给了一位政治活动人士

1964 年 6 月 12 日，曼德拉被判终身监禁，从比勒陀利亚的正义宫被押送出来。法庭审判了 8 名男子（包括曼德拉），其中一些人伸出了抗议的拳头

曼德拉直视着法官，以“为理想我愿献出生命”结束了他的陈述。在接下来的审判中，法官没有再与他进行眼神交流。最后，法官认定所有的人都有罪，但免去了他们的死刑。曼德拉被判处终身监禁，并先被送往开普敦附近臭名昭著且残酷的罗本岛。

联合国安全理事会谴责了这次审判，并采取措施对南非实施制裁，但政府花了近 30 年时间才释放曼德拉。1990 年 2 月 11 日，曼德拉走出监狱后，发表了一篇演讲，以 1964 年审判陈述中著名的最后几句话结束。

我们参观了罗本岛，看到了曼德拉度过多年的小牢房。我们受到启发，想到曼德拉的监禁导致种族隔离制度的瓦解，并使得曼德拉自己成为南非总统。对我们来说，曼德拉的经历以及他和他的政府所倡导的种族和谐，证明了人类精神的力量。

# 47
# “阿波罗 11 号”的任务报告

在看“阿波罗 11 号”的任务报告时，我们看到报告记录了飞船指令长在着陆时的心率，这让我们想起了自己在观看第一次登月时心跳加速的情景。1969 年 7 月 20 日，两名美国宇航员在月球上行走了一天，尼尔·阿姆斯特朗便是其中之一。在我们的一生中，没有任何一件事能像这次一样引人幻想。

1969 年 7 月 16 日，在超过 100 万名观众的注视下，“土星 5 号”火箭带着“阿波罗 11 号”从佛罗里达州肯尼迪角（1963 年至 1973 年，卡纳维拉尔角被称为肯尼迪角）发射升空。五天后，三名宇航员中的两名首次登上月球

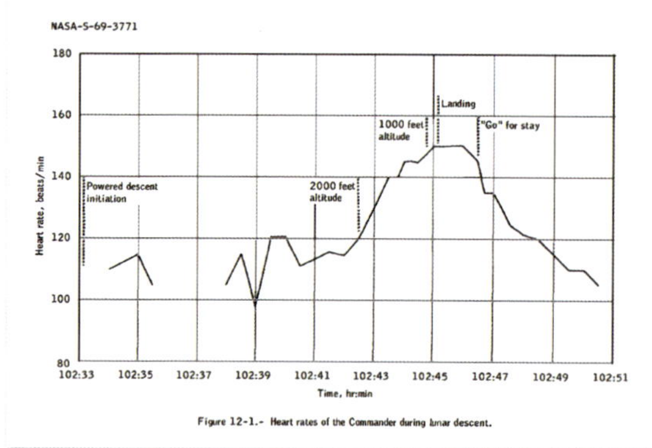


登月舱登陆月球时尼尔·阿姆斯特朗的心率。在着陆的那一刻，阿姆斯特朗的心跳达到了每分钟 150 次

“阿波罗 11 号”的三位宇航员：指令长尼尔·阿姆斯特朗、迈克尔·柯林斯和巴兹·奥尔德林。在另外两名宇航员登陆月球表面时，柯林斯一直待在指挥舱里

1961 年 4 月，苏联航天员尤里·加加林完成有史以来人类首次太空飞行，苏联成功地挑战了美国。这之后没过多久，仅仅五个星期后，约翰·肯尼迪总统就宣布了宏伟目标：“在这个十年结束之前，让人类登陆月球并安全返回地球。”在这一目标宣布前不久，美国国家航空航天局（NASA）便将美国首位宇航员艾伦·谢泼德送入太空。随后，NASA 启动了阿波罗登月计划，把苏联甩在了后面。1967 年，太空旅行的风险不幸地凸显出来：“阿波罗 1 号”起火，三名宇航员

右页图：巴兹·奥尔德林在月球上行走。在与阿姆斯特朗的一次交谈中，奥尔德林把这里的景色描述为“壮丽的荒凉”

丧生。但 NASA 仍在继续坚持。1968 年 12 月，“阿波罗 8 号”在月球轨道上进行了测试；五个月后，“阿波罗 10 号”首次将登月舱带入月球轨道进行测试，这也是登月前最后的“彩排”。

“阿波罗 11 号”任务，即首批宇航员登陆月球的任务，定于 1969 年 7 月进行。三名宇航员被选中，他们都是参加过早期任务的老手：指令长尼尔・阿姆斯特朗、登月舱驾驶员巴兹・奥尔德林，还有指令舱驾驶员迈克尔・柯林斯。他们将登月舱命名为“鹰号”，指令舱命名为“哥伦比亚号”。柯林斯将驾驶“哥伦比亚号”绕月飞行，而奥尔德林和阿姆斯特朗则驾驶“鹰号”到月球表面进行月球漫步。第二天，月球漫步者们将重新与柯林斯会合，返回地球。阿姆斯特朗将莱特兄弟的一个螺旋桨的碎片视为护身符，随身携带。

7 月 16 日 8:00（协调世界时，下同），三名宇航员在起床后享

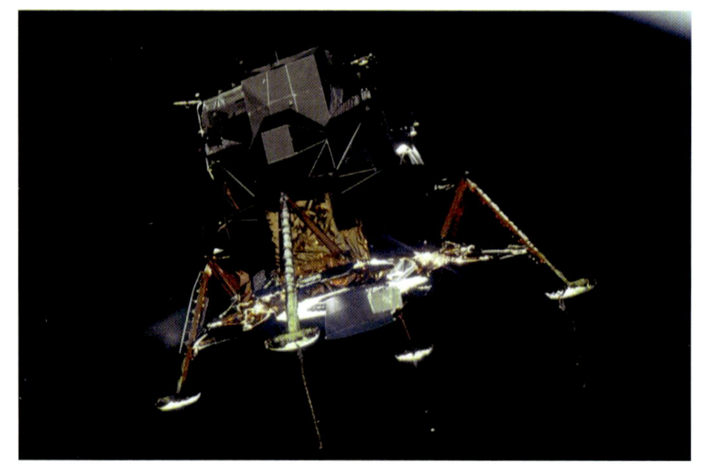

“鹰号”登月舱准备降落到月球表面。在登月舱下面，我们可以看到细长的着陆腿，这些着陆腿可以减缓登月舱着陆时受到的冲击

用了传统的飞行前早餐——牛排和鸡蛋。11:00，阿姆斯特朗便已经坐在飞船里的座位上。几分钟后，奥尔德林和柯林斯也进入了小小的指令舱。这个指令舱位于“土星5号”火箭顶部，离地面110米以上。

13:32，33个国家的数千万人听到了来自肯尼迪角的广播：倒计时15秒；内部确认；12、11、10、9，点火程序开始；6、5、4、3、2、1、0，所有引动机运转；发射！

12分钟后，飞船进入地球轨道；90分钟后，第三级火箭将飞船推入正确的地月轨道。3天后，飞船从月球后面经过，进入月球轨道。奥尔德林和阿姆斯特朗爬进小小的登月舱，开始了任务中最危险的部分——在月球的“静海”着陆，躲避所有巨石和陨石坑。他们超出了预定的着陆区域，阿姆斯特朗警告奥尔德林要避开他们突然看到的一个陨石坑。燃料少得可怜，所以他们不得不降落。登月舱接近了一个平坦的地方，扬起一大团灰尘。阿姆斯特朗此刻的心脏跳动速度如此之快，也就不足为奇了。他本应立即关闭引擎，避免废气的反冲破坏舱体，但他忘记了。几秒钟后，确定“鹰号”已经安全落地，他说：“好了，关闭引擎。”此时，燃料已经所剩无几。

7月20日20:17，这句话响了起来：“休斯敦，这里是静海基地。‘鹰号’已着陆。”地面上的450名操纵台操作员都松了一口气。“我们又可以呼吸了。”任务控制中心说。宇航员们兴奋得无法按计划入睡，早早地从飞船里出来。首先出场的是阿姆斯特朗和他令人难忘的名言：“这是一个人的一小步，却是人类的一大步。”

他们花了两个多小时在月球上行走，与理查德·尼克松总统交谈，并试图将美国国旗插进月球表面，但只勉强把它推入5厘米。他们把21.5千克的月芯标本和月表岩石标本装进两个盒子里，并留下一块牌子，上面写着他们是“为了全人类的和平”而来的，然后爬回了舱内。在月球上停留了21小时36分钟后，两名宇航员便要返回地球。当他们乘坐“鹰号”上升级离开月面时，阿姆斯特朗说他看到美国国旗在排气气流中“倒下了”。

从那以后，一切都很顺利。他们与指令舱对接，抛下登月舱，开始返航。7月24日16:50，他们在距离“大黄蜂号”航空母舰21千米的太平洋上降落。总统尼克松、国家安全助理亨利·基辛格和国务卿威廉·罗杰斯等在那里欢迎他们返回地球。在经过三个星期的隔离后，三名宇航员在纽约观看了庆祝胜利的彩带游行。

对于美国和这三位勇士来说，“阿波罗11号”取得了惊人的成功。作者撰写本文的时候，那次令人着迷的飞行已经过去了半个世纪，但人类仍未在任何其他天体上留下脚印。

# 48
# 伍德斯托克音乐节门票

伍德斯托克音乐节在流行文化史上占据首位，当之无愧。1969年8月，在以“和平与音乐的三天”为主题的音乐节中，从琼·贝兹到吉米·亨德里克斯，知名和新锐的表演者众多，音乐类型千变万化，犹如万花筒一般。这是世界上最著名的露天音乐盛会，成为整整一代人的象征。

伍德斯托克音乐节三天的门票。如今，门票成为收藏家的藏品，价格是原来8美元的数倍

右页图：组织者预计将有20万人参加在纽约北部一家农场举行的为期三天的音乐节，但实际人数超过两倍多

1969 年 8 月 15 日星期五下午 5 点多（美国当地时间），非洲裔美国民谣歌手里奇·哈文斯走上舞台，为伍德斯托克音乐节进行开幕表演。他有些措手不及。他原本被安排在晚些时候表演四首歌曲，但是最重要的开场乐队因为堵车还没有到场，而“堵车”也成了伍德斯托克音乐节的代名词。于是，哈文斯自己足足表演了三个小时：“我已经演奏了所有我知道的歌。我一直在拖延时间，想着要演奏什么。”他想到了《自由》这首歌，边弹吉他边编词。这首即兴的曲子让他家喻户晓。

组织者决定在纽约州北部举办为期三天的夏季音乐节，但此时的他们想象不到即将面对的情况。几个城镇拒绝举办音乐节，其中一个原因是需要修建的移动厕所数量多得令人无法接受。就在活动举办前一个月，奶农马克斯·雅斯古尔终于同意将他位于纽约贝塞尔镇白湖附近农场的一部分田地租给音乐节组织者。10 万多张票提前售出，工作人员匆忙进行准备工作，来不及建造售票亭，也来不及设置适当的围栏。音乐节期间，近 50 万人来到现场，他们穿过围栏的缝隙进入会场，于是组织者被迫将伍德斯托克音乐节变成了免费的活动。嬉皮士、反越战的抗议者、民权活动家和普通的音乐爱好者聚集在一起，

享受着这个快乐而又漫长的周末。

32 位表演者组成的演出阵容令人惊叹不已：詹尼斯·乔普林，感恩而死乐队，琼·贝兹，拉维·香卡，杰弗逊·赛姆斯，克罗斯比、斯蒂尔斯、纳什和扬乐队（CSNY）。下雨了，但没人在意。“要爱情不要战争”是最重要的宣言。和平与统一至高无上。

后勤方面面临着巨大的挑战。该地区 8 千米半径范围内的道路上挤满了汽车，交通陷入瘫痪。无奈的音乐会观众放弃了他们的车辆，步行前往会场。表演者不得不坐飞机赶来。桑塔纳乐队（该乐队在伍德斯托克音乐节成名）的键盘手兼主唱格雷格·罗利回忆说：“我们飞过来的时候，有点像电影《梦幻之地》，你知道吗？‘你造好场地，他们自会前来’。” 志愿者医生与护士处理了人们的轻伤和食物中毒，帮助照料许多人赤脚上的伤口。音乐节期间只有十几名警察执勤，但一起暴力事件都没有出现。之后，帮助促成伍德斯托克音乐节的农民雅斯古尔在人群中发表讲话。他说：“50 万年轻人可以聚集在一起，享受三天的欢乐时光……如果未来属于这些孩子，那我并不担心。”

由于下雨，音乐节的最后一场演出被推迟了，所以吉米·亨德里克斯的吉卜赛太阳和彩虹乐队直到 8 月 18 日周一上午 9 点才演出。这时，大多数人都已经回家了，但留下来的人永远不会忘记这场演出。亨德里克斯不间断地演奏了 2 个小时，这是他职业生涯中时间最长的演出之一。他以一段混合曲结束了演出，其中包括一首改编版的美国国歌《星光灿烂的旗帜》。这首歌的歌词提到了“火箭弹”和“炸弹”，所以亨德里克斯用吉他模仿了炮火声。他对一首神圣的歌曲进行了大胆不敬的处理，成为这个时代的象征。

伍德斯托克音乐节的重要性并没有立即显现出来。音乐节变成一

右页图：1969 年 8 月 18 日星期一上午，吉米·亨德里克斯在伍德斯托克音乐节进行闭幕表演。他本应在前一天晚上演出，但由于下雨和技术延误，他的闭幕演出被推迟了

个免费活动之后，组织者们几乎破产。直到有关于伍德斯托克音乐节的电影拍摄，唱片版权开始盈利，他们才有了利润。就连桑塔纳乐队的罗利这样的表演者也没有意识到它的意义：“当时我们以为，这只是另一场演出；结果发现它是所有演出之母。”

如今，伍德斯托克音乐节被认为是现代音乐史上的决定性时刻，用乔妮·米切尔（她后悔拒绝了在音乐节上表演的邀请，后来还为此写了一首歌）的话说：“伍德斯托克音乐节是一朵美丽的火花。50 万孩子在这里‘看到自己是更伟大有机体的一部分’。”

如今，贝塞尔伍兹艺术中心就坐落在曾举办伍德斯托克音乐节的山丘。各种类型的户外音乐会都在这个令人惊叹的贝壳状场地举行。

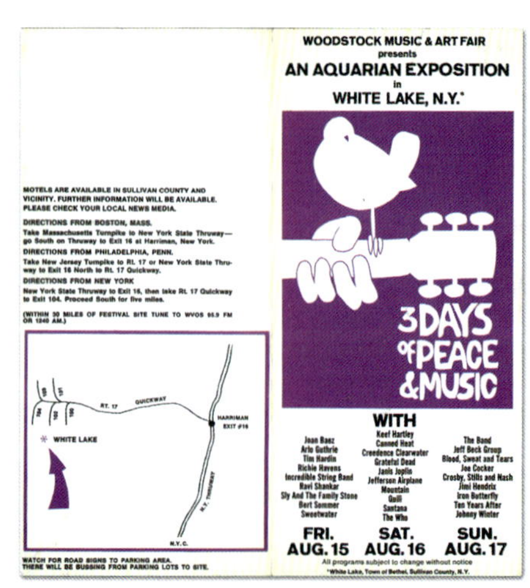


上图：伍德斯托克音乐节的宣传册。前面列出了表演者的名单，背面提供了住宿信息和路线指南

下图：早到的人设法开车进入音乐节。到了伍德斯托克音乐节的第二天，官方便建议驾车者回家，因为音乐节周围的道路已经全部堵塞

# 49

# 蒂姆·伯纳斯－李的万维网建议书

1989 年，蒂姆·伯纳斯－李递交了关于网络信息管理的建议书，旨在帮助科学家共享信息。他的万维网改变了世界。如今，超过一半的人使用网络来浏览、购物、社交；但令他沮丧的是，网络也成为仇恨、欺诈和监视的载体。

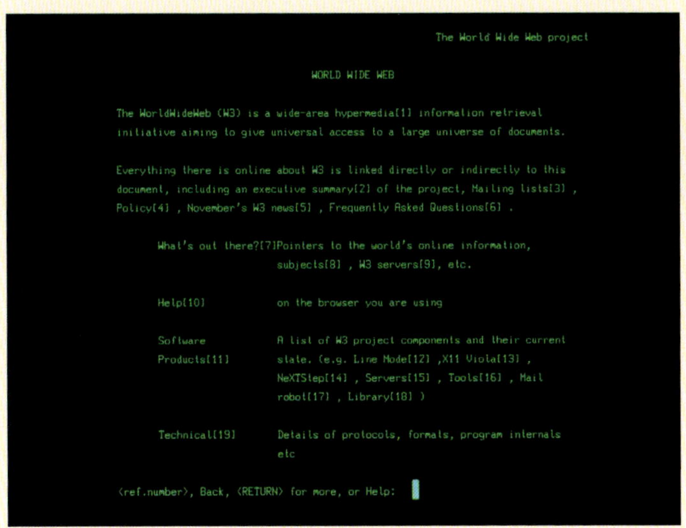

The World Wide Web project

WORLD WIDE WEB

The WorldWideWeb (W3) is a wide-area hypermedia[1] information retrieval initiative aiming to give universal access to a large universe of documents.

Everything there is online about W3 is linked directly or indirectly to this document, including an executive summary[2] of the project, Mailing lists[3] , Policy[4] , November's W3 news[5] , Frequently Asked Questions[6] .

What's out there?[7] Pointers to the world's online information, subjects[8] , W3 servers[9], etc.

Help[10] on the browser you are using

Software Products[11] A list of W3 project components and their current state. (e.g. Line Mode[12] ,X11 Viola[13] , NeXTStep[14] , Servers[15] , Tools[16] , Mail robot[17] , Library[18] )

Technical[19] Details of protocols, formats, program internals etc

<ref.number>, Back, <RETURN> for more, or Help:

世界上第一个网页的截图，上面有如何使用浏览器、设置网络服务器和建立网站的说明。该网站于 1991 年 8 月正式运行

蒂姆·伯纳斯－李从小就是天才。他在英国伦敦家中的卧室里有一个铁路模型，他乐于制造控制火车的电子设备。他承认："最终我对电子产品的兴趣超过了对火车的兴趣。"后来，他在牛津大学学习物理学时，用一台旧电视机做了一台电脑。

20 世纪 80 年代，伯纳斯－李在瑞士的欧洲核子研究组织（CERN）担任软件工程师。在那里，他将自己的技能运用到工作中。令他震惊的是，该中心许多科学家难以与其他科学家分享实验和研究信息。资料存储在不同的电脑上，要检索材料，用户必须登录，有时还要掌握每台计算机上的不同程序。他回忆道："通常，在人们喝咖啡的时候，去问他们反而会更容易一些。"

伯纳斯－李着手创建一个系统，该系统可以在一个平台上共享数据，这个平台被称为"互联网"。通过这个平台，电脑之间可以相互交流。互联网是美国国防部在 20 世纪 60 年代末开发的、一个在"冷战"中幸存下来的通信网络，但在互联网上交换信息，尤其是文件，既困难又耗费时间。伯纳斯－李意识到，利用另一种名为超文本的新兴技术，将相关的信息连接起来，那么他就可以利用互联网来共享数据。1989 年 3 月，他在著名的建议书《信息管理：一项建议》中提出了易于使用的全球信息系统的设想，但该建议并没有立即得到采纳。他的老板在建议书封面上写下了"模糊但令人兴奋"。伯纳斯－李没有气馁，他坚持了下来。在苹果公司创始人之一史蒂夫·乔布斯推出的早期电脑上，他编写了万维网的三个基本要素：超文本标记语言（HTML），用于在网络上格式化和显示文档；统一资源标识符（URI——通常称为 URL），是识别文件名称和位置的唯一地址；超文本传输协定（即人们熟悉的网址上的 http），用于检索数据。伯纳斯－李还设计并

Vague but exciting ...

CERN DD/OC

Information Management: A Proposal

Tim Berners-Lee, CERN/DD

March 1989

---

# Information Management: A Proposal

**Abstract**


This proposal concerns the management of general information about accelerators and experiments at CERN. It discusses the problems of loss of information about complex evolving systems and derives a solution based on a distributed hypertext sytstem.



Keywords: Hypertext, Computer conferencing, Document retrieval, Information management, Project control


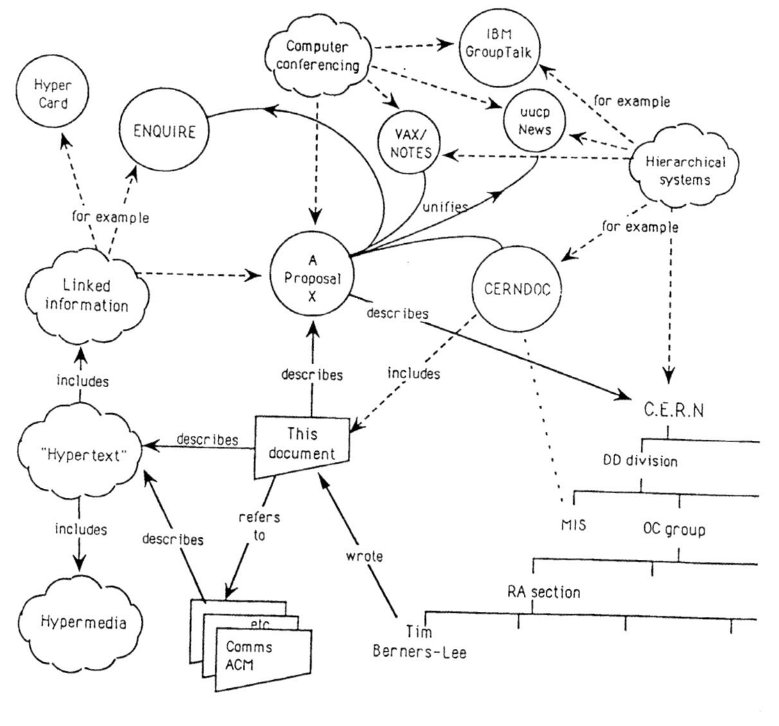


蒂姆·伯纳斯-李最初的万维网构想。文件顶部写着“模糊但令人兴奋”的字样，这是伯纳斯-李的老板写的，他建议伯纳斯-李为万维网投入更多的时间

蒂姆·伯纳斯-李。如今，他致力于加强和保护万维网的未来

建立了世界上第一个网页浏览器（Worldwideweb.app）和第一个网页服务器（httpd）。1990 年 12 月 20 日，他上线了自己划时代的网站。

起初,万维网仅限欧洲核子研究中心和其他研究机构的用户使用，但在 1991 年 8 月，公众被邀请免费使用万维网。人们在家用电脑上就能使用免费的浏览器，这是人们第一次轻松访问互联网；然而，这个开创性的网站一开始并没有大获成功。到 1993 年，只有 130 个网站与万维网相连；两年后，网站数量达到 23,500 个；到了 2000 年，这个数字已经跃升到 1700 万；而到了 2019 年时，这个数字大约为

20 亿。

伯纳斯－李在发明万维网时，便预言它将从根本上改变我们生活的世界；但他也担心它会成为一种破坏性的力量。他的预言是正确的。网络改变了我们交流、购物、学习和娱乐的方式，但用伯纳斯－李的话说，它也“为骗子创造了机会，给了那些传播仇恨的人一个媒介，让各种犯罪行为更容易实施”。如今，仇恨言论、滥用个人数据和黑客已经成为网络生活的一部分。而伯纳斯－李向所有人开放免费网络的梦想，正受到谷歌、脸书和推特等科技巨头的威胁。

上图：日内瓦附近的欧洲核子研究中心游客中心展示的世界上第一台万维网服务器。红色的手写字警告写着：“请勿关闭电源！”

在万维网发明三十周年之际，伯纳斯－李承认“许多人感到恐惧，不确定网络是好是坏”。他的万维网基金会正在制定新的标准和指导方针，旨在阻止滥用。政府、公司和公民需要共同努力塑造一个新的“良好网络”。对于其创建者来说，“为网络而战是我们这个时代最重要的事业之一……这并不容易。但只要我们少做梦，多努力，就能得到我们想要的网络”。

伯纳斯－李虽然没有从万维网上获利，但他得到了人们的尊敬和许多荣誉。他获得了英国伊丽莎白女王授予的爵位，并成为现代最重要的发明家之一。卓越的伯纳斯－李爵士是对世界影响最大且依然在世的少数几人之一。

# 50
# 宇宙图谱

这张 21 世纪的宇宙图谱是根据每个星系与地球所在的银河系的距离绘制出来的。图谱中的每个星系都是一个点。它展示了宇宙的复杂性，以及宇宙的非凡规模。图谱由美国、法国和以色列的天文学家组成的团队创作，每个星系的颜色表示其与地球的距离——蓝色表示最近，红色表示最远。

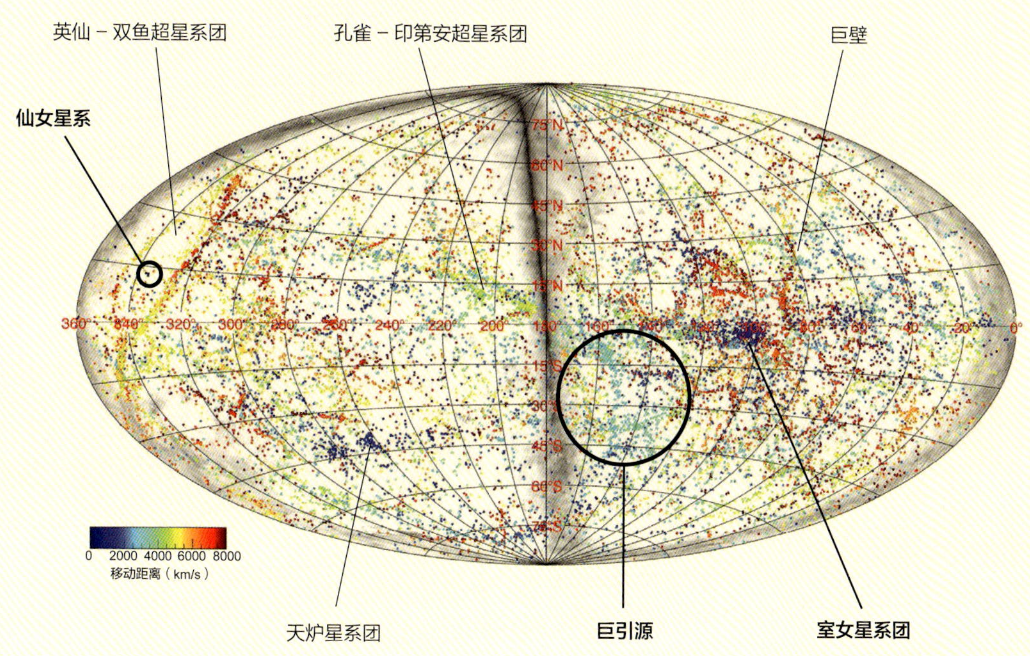


宇宙图谱。中央的黑影是我们的银河系，天文学家通过银河系可以看到数十亿个其他星系。每个星系都是一个点，最近的是蓝色，最远的是红色。左上角圈出的黑点是仙女星系，是离我们最近的星系

我们无法知道宇宙真正的规模，但这张惊人的图谱能够帮助我们更好地理解宇宙。2013 年，制作该图谱的天文学家将图谱以 3D 视频的形式呈现。图谱只涵盖了整个宇宙的一小部分，而整个宇宙包含数千亿个星系，要比这张图谱大 160 倍。

我们的近邻宇宙十分巨大。太空中的距离以光年测量，1 光年是光以每秒近 30 万千米的速度传播一年的距离。因此，1 光年大约是 10 万亿千米。来自太阳的光距离地球 1.5 亿千米，只需要约 8 分钟就能到达地球。太阳系中的太阳和行星只是银河系的一小部分。太阳是离我们最近的恒星，其次便是比邻星，距离我们超过 4 光年，也就是40万亿千米。这张图谱显示了所有距离我们在3亿光年以内的星系。因此，我们地球与这些小小的彩色斑点——每个点都是一个星系——之间的距离大得难以想象。离我们银河系最近的星系是仙女星系，是图谱最左边圈出的一个黑点，距离我们约 254 万光年。在天气晴朗的夜晚，我们用双筒望远镜就能发现它。

美国天文学家埃德温·哈勃为我们开启了银河系外的浩瀚宇宙。1919 年，哈勃到加州威尔逊山天文台任职，那里拥有当时世界上最大的望远镜——胡克望远镜。该望远镜有一个直径 2.5 米的大反射镜。

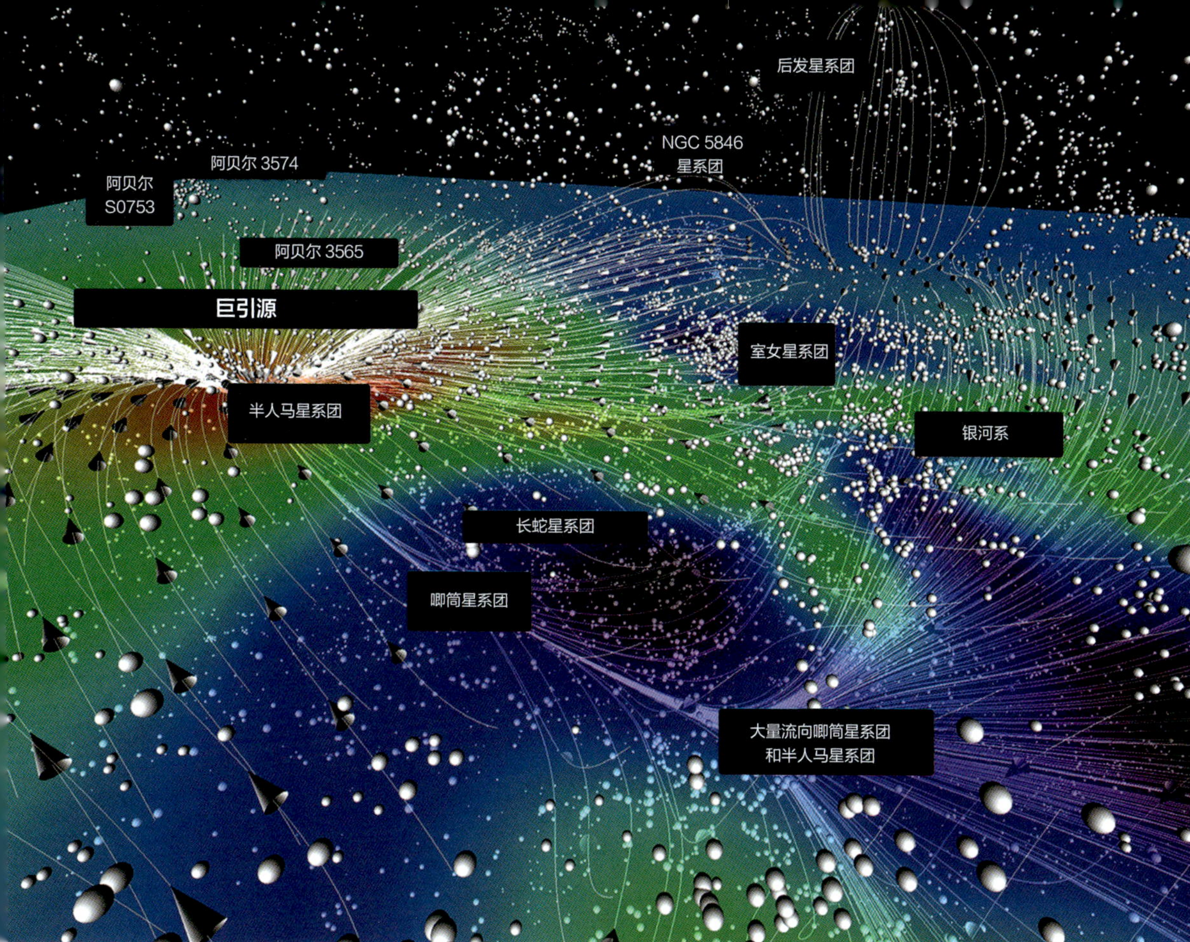


近邻宇宙的图谱。星系是白色的球体，室女星系团是离我们银河系最近的星系团。红色和黄色的巨引源正在从深蓝色的空洞中吸进星系

左页图：我们隔壁的星系——仙女星系，肉眼便可以看到。惊人的是，它距离地球仍有 254 万光年的距离，也就是 254 万 ×10 万亿千米远！仙女星系由大约 1 万亿颗恒星组成

欧洲航天局于 2009 年发射的普朗克望远镜。它为我们提供了大量关于宇宙范围和宇宙性质的新细节

哈勃得出了一些天文发现，即宇宙正在膨胀，遥远的星系正在以极快的速度远离我们。他的发现帮助后来的天文学家建立了更完整的宇宙图景。他观察到，我们的近邻仙女星系实际上正在向我们移动。仙女星系和银河系的相互引力超过了宇宙大部分地区的膨胀速度，这意味着我们的银河系将在四五十亿年后与仙女星系相撞！

如今，人们认为宇宙起源于 138 亿年前的一次巨大的能量爆发——宇宙大爆炸。该理论有许多版本，但得到天文学家广泛认可的大概是“暴胀理论”。该理论认为，时间、空间和物质是分两个阶段产生的：一个非常短暂的“冷”膨胀时期，当时的宇宙以比光速快得多的速度从一个奇点增长到大约一个篮球大小；随后是“热”的大爆炸，可见宇宙的所有基本粒子出现，并且构成宇宙 95% 的神秘暗物质和暗能量也出现了。暴胀之前的微小量子涨落导致了物质的微小聚集，为我们在均匀空间中看到的恒星、行星和星系播下了种子。

从那时起，宇宙就一直在冷却和膨胀。其中一个引人注目的星系团被称为室女星系团，在 277 页图的中间偏右呈蓝色。室女星系团是距离我们最近的星系团，但仍有 5500 万光年之遥。离我们更远的巨引源正在吸收临近的星系。

随着望远镜的改进，我们的知识也在迅速增长。反射镜越大，望远镜的功能就越强。有趣的是，如今科学家不是用肉眼通过望远镜观察来绘制宇宙图谱，而是通过研究望远镜的数字传感技术得出的数据来进行绘制。20 世纪 60 年代，美国发明了感光耦合组件（CCD），使望远镜可以探测到比以往更远的太空。这一非凡的突破带来一个新的巨大的飞跃，即人们在智利建造所谓的特大望远镜（ELT）。这个望远镜将拥有一个直径 39 米的反射镜，几乎相当于半个足球场的长度。

虽然哈勃使用的胡克望远镜口径只有 2.5 米，早已落后，但这位伟大的天文学家因以他的名字命名的太空望远镜而永垂不朽。哈勃望远镜提供的图像比地面天文台清晰得多，但 NASA 于 2021 年发射了詹姆斯・韦伯太空望远镜，哈勃望远镜被大大超越。詹姆斯・韦伯太空望远镜驻扎在距离地球 100 多万千米的地方，极大地增加了我们对宇宙的了解。

天文学家了解得越多，就越相信宇宙某处存在生命。伦敦格林尼治天文台的汤姆・克尔斯告诉我们：“所有星系中，潜在的宜居行星的数量应该比一个人一生的心跳次数还多。”